德语完形填空练习800
800 ÜBUNGEN ZUM DEUTSCHEN LÜCKENTEXT

张穆 马艳 赵晓慧 主编

U0121996

东华大学出版社·上海

图书在版编目（CIP）数据

德语完形填空练习 800 / 张穆，马艳，赵晓慧主编 . 一上海 : 东华大学出版社 , 2024.1
ISBN 978-7-5669-2321-9
I. ①德… II. ①张… ②马… ③赵… III. ①德语—习题集 IV. ① H339.6
中国国家版本馆 CIP 数据核字 (2024) 第 034086 号

德语完形填空练习 800
800 Übungen zum deutschen Lückentext

张穆　马艳　赵晓慧　主编

策　　　划：东华晓语
责任编辑：沈　衡
版式设计：莉莉安
封面设计：903design

出版发行：东华大学出版社
社　　　址：上海市延安西路 1882 号，200051
出版社官网：http://dhupress.dhu.edu.cn/
天猫旗舰店：http://dhdx.tmall.com
发行电话：021-62373056
营销中心：021-62193056　62373056　62379558
投稿及勘误信箱：83808989@qq.com

印　　　刷：常熟大宏印刷有限公司
开　　　本：850 mm×1168 mm　1/32
印　　　张：6.5
印　　　数：0001-3000
字　　　数：300 千字
版　　　次：2024 年 1 月第 1 版　2024 年 1 月第 1 次印刷

ISBN 978-7-5669-2321-9
定价：32.00 元

VORWORT
前言

　　经过半年多时间的努力，《德语完形填空练习800》终于赶在甲辰龙年到来之际和读者们见面了。我在此向为此书出版作出努力的各方表达衷心的感谢！

　　从考查模式来看，德语试卷中涉及语法知识的考题集中在语言知识考查这一部分。在这个部分的两种题型（即单项选择和完形填空）中，完形填空历来是考生的失分重地。完形填空虽然和单项选择中考查的知识点高度重合，但大家需要注意的是，单项选择内容较短，考生容易把控全句，而完形填空却是一段意思完整的文字。其间的词和词、句和句中隐含着大量前后呼应的联系，考生只有抓住了这些文章里的外在结构以及内在脉络才可以把握全文，进而选出正确选项。所以，完形填空的命题点主要集中在单个语法知识点和语篇结构及内在逻辑这两大方面。

　　在完形填空中，难度等级最低的为选项仅受限于空格所处的句子，比如固定搭配等，其实此类题目占据了完形填空这一题型中问题设置的绝大部分；当答案来源于前后句子，这时的难度等级适中，这里需要考生有较强的逻辑思维，能够在纷繁复杂的前后句子当中发现逻辑关联，此处考查连词或副词较为常见；当然，少数选项要在把握全文的基础上进行推断，这类考查的难度系数最高。很多考生在做完形填空时有边读边填的不良习惯，这样就会犯先入为主的错误，在读到文章后面的内容处往往又忘记回头检查前面所填的选项，造成错选，这一点要尤为注意！

　　在做完形填空这类题型时，我们往往可以遵循下列步骤：首先，迅速通读全文，把握文章的主旨大意；其次，结合空格前后内容，仔细分析；最后，选出空格里的内容，检查全文。其中第二点需要大家尤为注意，结合空格前后内容具体来说有以下三种途径：第一、根据固定搭配（及句型）；第二、根据句子之间的逻辑关系；第三、根据经验常识推理。

　　本书共分为 40 节，每节包含两篇完形填空。短文内容选材多样，涉及自然和人文两大领域。鉴于让读者也接触到其他形式的完形填空，所以笔者在内容的形式的设置上做出了大胆的改进，将每一节内容的第二篇（即 B 篇）改为填词形式的完形填空（用括号内所给词的正确形式填空以及根据上下文逻辑填空）。笔者希望大家能够从多维的角度来训练自己在完形填空方面的能力。

　　书稿整理期间适逢笔者工作的学校提倡研课研题这一活动，所以本书的整理工作受到了太原市外国语学校校长武翻旺以及教学副校长史震二人的鼎力支持。德语备课组的全体成员都积极参与了书稿的校对工作。我校毕业生现就读于同济大学德语系的崔苪超和北京理工大学德语系的任天祥二位同学也在同时做了书中的练习并提出了他们的建议，在此一并感谢。

　　一本书的内容需要经历诸多读者的检验。由于水平有限，书中难免会有不尽人意甚至歧义错误之处，所以我在此留下电子邮箱的地址zhangmu169cnc@163.com，恳请发现问题的读者们不吝赐教，谢谢！

张穆

2023 年 9 月 15 日

于太原市外国语学校

INHALTSVERZEICHNIS
目录

练习

解析

TEST 1

Text A

Seit 2014 kommen die meisten Flüchtlinge weltweit aus Syrien. In der Folge wurde die benachbarte Türkei das Land, das weltweit die meisten Flüchtlinge __1__ hat. Im Jahre 2014 wurden __2__ rund 92.000 Flüchtlinge aus Syrien in der Türkei registriert. Von den rund 2 Millionen leben 250.000 in 25 Flüchtlingslagern, die Mehrheit hat sich am Rande von Städten und Dörfern __3__. Seit dem __4__ des Kriegs haben 330.000 Syrer einen Asylantrag in der EU __5__, __6__ 11.000 in Deutschland. Hinzu kommen jene 35.000 Flüchtlinge, __7__ über kollektive Aufnahmeprogramme Zuflucht gewährt wurde. Nach 5 Jahren Krieg in Syrien eskaliert die Gewalt weiterhin und erfasst immer __8__ Teile des Landes. __9__ der Flüchtlingslager wird immer klarer, dass sie dort, aber auch im Herkunftsland keine Perspektive haben. Hoffnungslosigkeit und Verzweiflung bezeichnen sie __10__ die wesentlichen Auslöser der Flucht im Jahre 2015.

1. A. abgenommen   B. aufgenommen
   C. übernommen   D. unternommen
2. A. monatlich   B. monatig
   C. monatelang   D. monate
3. A. verlassen   B. überlassen
   C. niedergelassen   D. gelassen
4. A. Abbruch   B. Ausbruch
   C. Einbruch   D. Zusammenbruch

5. A. gefunden   B. gemacht   C. gesetzt   D. gestellt
6. A. daran   B. darin   C. davon   D. darüber
7. A. denen   B. den   C. deren   D. die
8. A. anderer   B. mehre   C. weniger   D. weitere
9. A. Deren Bewohner   B. Der Bewohner
   C. Die Bewohner   D. Den Bewohnern
10. A. an   B. als   C. für   D. um

Text B

Wäre es nicht schön, wenn alle __11__ (wissenschaftlich) Erkenntnisse zum Klimawandel falsch wären? Wenn es gar keine Erderwärmung gäbe oder zumindest keinen oder nahezu keinen Beitrag von uns Menschen __12__? Dann wären wir frei __13__ jeder Verantwortung und es gäbe keinerlei Grund, etwas zu verändern. Wir sind nun einmal bequeme Wesen, gäbe es also was __14__ (schön), als alles so zu belassen, wie es ist? Wir bräuchten kein Geld für Klimaschutzmaßnahmen __15__ (ausgeben) und könnten sicher noch einige Jahre oder Jahrzehnte unser auf den Verbrauch fossiler Energie __16__ (stützen) Leben führen. Die ökonomischen Strukturen könnten in diesem Bereich bleiben, wie sie sind, auch in näherer Zukunft würde folglich dort viel Geld verdient, __17__ es heute schon der Fall ist. Eine Energiewende, __18__ sich ausschließlich in der Verknappung der Ressourcen begründet, wäre kein Problem __19__ (unser-) Generation. __20__ dürfen sich gerne unsere Nachkommen beschäftigen – und die werden eine Lösung finden ...

TEST 2

Text A

Wenn ein Dienstwagen morgens um kurz vor 9 vor dem Uni-Campus vorfährt, steigt ein großer, kräftiger Mann aus und tastet mit seinem Blindenstock ein Stück den Weg __1__. Am Eingangsbereich wartet schon ein Student, __2__. Sie begrüßen __3__ freundlich und machen sich gemeinsam auf zum schnellen Kaffee, __4__ die Vorlesung anfängt. Als er klein war, wirkten seine Augen übermäßig groß, __5__ sich die Eltern Sorgen machten. Und die Ärzte stellten fest: Dieses Kind hat angeborenes Glaukom(青光眼), __6__ durch einen erhöhten Augeninnendruck, vermindert das Sehvermögen des Jungen __7__ 70%. Die im Rheinland lebende Familie war entsetzt, __8__ sie bereits das erstgeborene Kind verloren hat, das bei einer Augenbehandlung gestorben ist. „Meine Eltern hatten einfach riesige Angst", erinnerte sich der 26-Jährige. „Sie taten alles in ihrer Macht __9__, __10__ mir zu helfen."

1. A. gegenüber   B. entlang
   C. über   D. zufolge
2. A. sein gleichaltriger Assistent
   B. seinen gleichaltrigen Assistenten
   C. seinem gleichaltrigen Assistenten
   D. seines gleichaltrigen Assistenten
3. A. aneinander   B. einander
   C. umeinander   D. zueinander
4. A. wie   B. während   C. nachdem   D. bevor

5. A. woran   B. wobei
   C. worum   D. worunter
6. A. verursachen   B. verursachend
   C. verursacht   D. zu verursachen
7. A. auf   B. bei   C. über   D. um
8. A. weil   B. nämlich   C. deswegen   D. denn
9. A. Stehendes   B. Stehende
   C. Stehenden   D. Stehender
10. A. als   B. anstatt   C. ohne   D. um

Text B

___11___ ich zum ersten Mal die Holsteinische Schweiz besuchte, glaubte ich ___12___ (sich) verfahren zu haben. Ich erblickte eine hügelige Gegend, die mit Wäldern und Feldern eine Sanftheit und Ruhe ausstrahlte, die nicht zur Rauheit und zum flachen Land des restlichen Schleswig-Holsteins passen wollte. Aber so ist dieses Land: abwechslungsreich und immer wieder neu. Wenn man sich als Zugreisender fragt, ___13___ man so gerne hier lebt, dann fallen ___14___ (man) erst einmal Gründe ein, die eher dagegen ___15___ sprechen scheinen. Der Wind ist hier ___16___ (stark) und stetiger als anderswo, der Regen häufiger und die Temperaturen ___17___ Durchschnitt niedriger, die Wege weiter und die Randlage in Deutschland macht die Reisen nach Westen und Süden lang. Aber alles, das gehört dazu, macht das ___18___ (unverwechselbar-) aus. Und wenn man abends ___19___ Meer steht und die Sonne ___20___ (untergehen) sieht, dann ist all das sowieso vergessen.

TEST 3

Text A

Eigentlich müsste die Geschichte ___1___ „Es war einmal…"
beginnen, so märchenhaft __2__ sie. Aber sie ist wirklich wahr.
__3__ fängt die Erfolgsstory anders an – mit einer Idee. Mitte
der __4__ Jahre saß Dieter Leipold mit seiner Frau Sigrid und
den Kindern Peter und Stefan zusammen und dachten __5__ die
Zukunft nach. Ihre kleine Privatbrauerei stand vor dem Aus（ 此
处指破产）. Die Stammtische blieben lange leer. Und nur wenige
Touristen verliefen sich in das 3700-Seelen-Dorf im damaligen
Grenzgebiet __6__ DDR. Da kam Dieter Leipold auf eine Idee. Es
müsste doch möglich sein, __7__ eine Erfrischungsgetränk wie
Bier __7__ brauen. Denn alle Getränke sind __8__ Ursprungs – nur
die Limonade nicht. Sie ist eine industrielle Mischung aus Wasser,
Aroma und reichlich Zucker. __9__ experimentierte Leipold im
Badezimmer seiner Wohnung auf dem Brauereigelände – bis
ihm 1995 gelang, __10__ Wissenschaftler für unmöglich gehalten
hatten.

1. A. an   B. bei   C. mit   D. um
2. A. klingt   B. klingelt   C. sagt   D. heißt
3. A. Trotzdem   B. Stattdessen
   C. Nämlich   D. Daher
4. A. 80en   B. 80er   C. 80es   D. 80em
5. A. an   B. für   C. über   D. unter
6. A. zum   B. zur   C. nach   D. in

7. A. ohne, zu   B. statt, zu   C. um, zu   D. /, zu
8. A. natürlichen   B. natürliches
    C. natürlicher   D. natürlichem
9. A. Jährlich   B. Jährig   C. Jahrelang   D. Jahre
10. A. wofür   B. wovon   C. wovor   D. was

Text B

Voll __11__ (konzentrieren) liest man ein Buch im Garten. Plötzlich knackt ein Ast – man schießt von der Lektüre auf und schaut nach dem Rechten. Dabei war der Blick doch vorher fest auf die Zeilen gerichtet und andere Nebengeräusche __12__ überhaupt nicht wahrgenommen. Das leise Knacken aber erregt sofort die Aufmerksamkeit. __13__ Menschen solche Veränderungen trotzdem sofort registrieren（注意到）, erklärt die kanadische Psychologin Alexandra Muller-Gass, 32: „Diese Aufmerksamkeit für plötzliche Veränderungen in der Umwelt stammt noch von den Frühmenschen, für __14__ es lebenswichtig war, solche __15__ (winzig) Geräusche zu registrieren und richtig einzuordnen." Aber was passiert beim Registrieren dieser kleinen Veränderungen im Gehirn, fragt sich der __16__ (Leipzig) Psychologe Erich Schröger? Mit modernen Methoden der Gehirnbeobachtung ist er __17__ (diese-) Reaktionen auf der Spur – und erregte damit auch die Aufmerksamkeit von Alexandra Muller-Gass. Seither __18__ (messen) sie die Gehirnströme und registriert, welche Regionen __19__ Denkorgans plötzlich aktiv werden, __20__ im Gebüsch ein Ast knackt.

TEST 4

Text A

Vor gut einem Vierteljahrhundert hat Inge Rösler ihre Karriere in der Deutschen Bank begonnen. Heute ist sie schon weit oben angekommen und leitet ein größeres Team. „In dem klassischen Bereich des Kreditgeschäfts, __1__ ich angefangen habe, war ich eine von ganz __2__, manchmal sogar die einzige", sagt sie. Aber: „Das hat sich im Laufe der Zeit sehr __3__." Der Grund: „Viele Frauen sind heute __4__ und haben bessere Startchancen." Viel einfacher als früher __5__ es für sie aber nicht, in die Führungsetage aufzurücken, setzt sie hinzu. Die Konkurrenz __6__ die Posten an der Spitze sei hart. Und __7__: Karriere, Kinder – Inge Rösler hat einen erwachsenen Sohn – und die Organisation von deren Vereinbarkeit hätten auch heute noch meistens die Frauen zu bewerkstelligen. Tatsächlich sind die Frauen heute im Berufsleben erfolgreicher als je zuvor. Die Generation von Inge Rösler hat die Pfade angelegt, auf __8__ die jungen Frauen heute in Scharen laufen. Sie treten viel __9__ auf. Das können sie auch: Denn nie haben so viele Frauen studiert, nie zuvor so viele gearbeitet – 47% __10__ in Deutschland sind heute Frauen – und schon gar nicht so viel verdient wie heute.

1. A. wo   B. woher   C. wohin   D. woraus
2. A. wenig   B. wenige   C. weniger   D. wenigen
3. A. geändert   B. verändert
   C. getauscht   D. gewechselt

4. A. besser ausbildend   B. best ausbildend
    C. besser ausgebildet   D. best ausgebildet
5. A. ist   B. wäre   C. sei   D. würde
6. A. an   B. für   C. über   D. um
7. A. trotzdem   B. außerdem   C. stattdessen   D. inzwischen
8. A. denen   B. deren   C. den   D. die
9. A. selbstbewusst   B. selbstbewusstest
    C. selbstbewusster   D. selbstbewussten
10. A. die Erwerbstätigen   B. der Erwerbstätigen
     C. den Erwerbstätigen   D. des Erwerbstätigen

Text B

Es ist wichtig, __11__ (folgend-) Satz ganz am Anfang zu betonen. Kohlendioxid ist kein „böses" Gas. Ohne dieses Gas __12__ (können) beispielsweise unsere Pflanzen keine Photosynthese（光合作用）betreiben. Wir hätten keinen Sauerstoff __13__ Atmen und auch keine Ozonschicht, die uns __14__ den Gefahren der Sonnenstrahlung schützt. CO2 ist auch kein „Klimakiller". Erstens ist das Wort allein verwirrend, denn was bliebe übrig, wenn unser Klima „gekillt" wäre? Und __15__ (zwei) ist eben nicht das Gas selbst das Problem, __16__ unser Umgang __17__. Mit steigender Tendenz jagen wir Menschen mittlerweile global und jährlich 34 Milliarden Tonnen Kohlendioxid __18__ die Verbrennung fossiler Energieträger wie Öl, Kohle und Gas in unsere Lufthülle. Weil das CO2 ein langlebiges Treibhausgas ist und wir Menschen davon weit mehr als von allen __19__ (ander-) Gasen produzieren, ist es wie kein zweiter Stoff mit dem Thema Klimawandel __20__ (verbinden).

TEST 5

Text A

In der warmen Küche läuft die Bratstraße auf vollen Touren. Steaks, Bratwürste, Fischfilets und Putenschnitzel sind hier __1__ auf dem selbstreinigenden Fließband punktgenau anzubraten. In überdimensionalen Kochtöpfen kocht das Nudelwasser, nebenan __2__ ein Koch 100 Portionen Gemüsepfanne __2__. Im Anschluss müssen die gekochten Gerichte sofort __3__. __4__ von vier Stunden sollen warme Lebensmittel die „kritische Temperaturzone" von +60 °C __5__ +5 °C durchschreiten. Hierfür gibt es so genannte „Blast Chiller", die eiskalten Winde auf die Gerichte blasen und so für schnelles Abkühlen __6__. Die abgekühlten Speisen werden dann auf Tellern portioniert und angerichtet und in Flugzeugofen-Einsätzen bereitgestellt, __7__ sie auch an Bord gebracht werden. __8__ alle für den Flug benötigten Teile und Produkte angeliefert worden sind, folgt in der Endfertigung die Zusammenfügung. Nach Vorgaben der Kunden werden Teller, Bestecke, Gläser, Vorspeisen, Brötchen usw. auf Tabletts angerichtet. Später muss ein Tablett wie das andere aussehen. Voraussetzung __9__ den reibungslosen Ablauf ist eine perfekte Logistik, __10__ in der Leitzentrale beginnt.

1. A. untereinander   B. zueinander
   C. aufeinander   D. nacheinander
2. A. bereitet ... zu   B. bietet ... an
   C. kauft ... ein   D. wählt ... aus

3. A. abkühlen   B. abzukühlen
 C. abgekühlt werden D. abkühlen werden
4. A. Außerhalb   B. Innerhalb
 C. Inzwischen   D. Während
5. A. um B. auf C. bis D. zu
6. A. versorgen   B. umsorgen
 C. besorgen   D. sorgen
7. A. in denen B. in den C. auf denen D. auf den
8. A. Während B. Obwohl C. Nachdem D. Bevor
9. A. um B. über C. für D. an
10. A. deren B. den C. der D. die

Text B

Am 26. April 2002, 16 Jahre nach dem Reaktorunglück im
ukrainischen Atomkraftwerk Tschernobyl ___11___ (treten) in
Deutschland ein neues Gesetz in Kraft. Neue Atomkraftwerke
(AKW) ___12___ nicht mehr gebaut werden, für die ___13___ (bestehen)
AKW gilt eine so genannte Regellaufzeit, ___14___ auf 32 Jahre seit
der Inbetriebnahme begrenzt ist. Zurzeit decken 17 Atommeiler
in Deutschland 26% des Strombedarfs ab. 25% liefert Braunkohle.
Erdgas und die erneuerbaren Energien tragen mit jeweils 11% und
10% ___15___ Stromversorgung bei. Die Atomkraft ___16___ (werden)
auch in den nächsten Jahren eine Rolle spielen. 2020 wird ihr
Beitrag, ___17___ (das) Ausstiegsgesetz entsprechend, nur noch sehr
klein sein. An ___18___ (ihr-) Stelle sollen die erneuerbaren Energien
treten. ___19___ Angaben des Bundesumweltministeriums soll ihr
Anteil an der Stromversorgung in 14 Jahren ___20___ mehr als das
Doppelte auf rund 25% steigen.

TEST 6

Text A

Wissenschaftler, die sich vor Freude ihre Kopfhörer vom Kopf reißen und sich __1__ umarmen, gibt es meist nur im Film. Oder in Darmstadt. __2__ gesagt, im Hauptkontrollraum des European Space Operations Centre (ESOC). Am 14. Januar um exakt 17.19 Uhr feierten alle im europäischen Satellitenkontrollzentrum begeistert ihren neusten Erfolg. Nach einem __3__ Flug und einer Strecke von über 1,2 Milliarden Kilometern landete die Planetensonde „Huygens" auf dem Saturnmond Titan und schickte die ersten Daten __4__ Südhessen. Fotos von Eisbergen, __5__ von Flüssen und Bächen aus Methan durchzogen sind, das hatte noch kein Mensch __6__ gesehen. In der südhessischen Stadt wurde wieder mal Forschungsgeschichte geschrieben. Die US-Raumfahrtagentur Nasa hatte sich entschieden, dieses Projekt wegen der __7__ verbundenen technischen Risiken lieber nicht zu wagen. So war die __8__ Mission ein Fall für das „deutsche Houston". „Wir können extrem schwierige Missionen meistern", sagt Jocelyne Landeau-Constantin, Kommunikationschefin des Esoc. Sie sitzt in einem kleinen Büro in einem unscheinbaren Gebäudekomplex. Nur die Satellitenminiaturen in einer Glasvitrine lassen __9__ ahnen, __10__ ESOC eins der Nervenzentren der europäischen Raumfahrt ist.

1. A. weinend   B. weint   C. weinte   D. geweint
2. A. Kurz   B. Grob   C. Genauer   D. Ehrlich

3. A. siebenjährlichen   B. siebenjährigen
   C. siebenjahrelangen   D. siebenjahre
4. A. an   B. bei   C. zu   D. nach
5. A. den   B. deren   C. die   D. denen
6. A. zuvor   B. nachher   C. da   D. zugleich
7. A. daran   B. dabei   C. dafür   D. damit
8. A. aufseherregende   B. aufsehenerregende
   C. aufsehenserregende   D. aufseheerregende
9. A. einer   B. eines   C. einem   D. einen
10. A. /   B. ob   C. dass   D. was

Text B

Auch ___11___ (erwachsen) brauchen Märchen. Der von großen Leuten begeistert ___12___ (lesen) Harry Potter, der des Märchens neue Kleider trägt, zeigt es. Alles ist möglich, auch das ___13___ (unmöglich), das ist ihre Botschaft. Märchen führen über den misslichen Alltag hinaus, folgen einer Logik der Gefühle, ermutigen ___14___ (man) zum Handeln. Märchen zeigen neue Wege, das Gute wird ___15___ das Böse siegen, wenn die Helden nur Mumm haben. Märchen sind mit tiefen Erinnerungen ___16___ die Kindheit, und vielleicht sogar an die Menschheitsgeschichte verbunden. Die großartigste Leistung der Brüder Grimm besteht ___17___, die immer wieder erzählten, variantenreich verwobenen und vermischten Geschichten so intensiv und gültig ___18___ (bündeln), ___19___ wir uns leise auch an die Kette der Generationen erinnern, ___20___ wir das Rotkäppchen hören und dann Jahre später wieder weitererzählen. Wir gehen weit, weit zurück und finden uns in einem wunderbaren Kontinuum der Zeit wieder. Es war einmal ...

TEST 7

Text A

Ein Geräte-Typ __1__ den Wasserstand im Fluss über einen Sensor. Festgebunden an __2__ Baum steckt der Fühler im Flussbett und erfasst zehn verschiedene Pegelstände von 0 bis 9. Über ein Kabel gelangen die Daten zum Mess- und Alarmgerät im Haus eines __3__ Hochwasser-Wächters. „Dadurch muss man zum Ablesen des Pegels nicht selbst raus zum Fluss und vielleicht bei heftigen Unwettern eine Verletzung oder gar sein Leben riskieren", sagt Villagrán. Beim kritischen Pegelstand 7 verständigt der Wächter auch gefährdete Gemeinden am __4__. Frühwarn-Systeme wie dieses __5__ ohne Hightech __5__ und sind zugeschnitten auf den Bedarf in entlegenen, ländlichen Regionen ohne __6__ Katastrophenschutz. Villagrán sieht in seinen Mess- und Alarm-Geräten „eine erste Verteidigungslinie". Das Unheil soll im Entstehen __7__ und möglichst klein gehalten werden – ein Ansatz, den auch das Auswärtige Amt verfolgt. „Wir haben lange Zeit immer wieder viel Geld __8__, um bei Naturkatastrophen Menschen zu retten oder die betroffenen Gebiete nachher __9__ humanitärer Hilfe zu versorgen", sagt Peter Platte. „Hätten wir vorher etwas getan, dann __10__ viele gar nicht gestorben oder hätten nicht so viel verloren."

1. A. beobachtet   B. betrachtet
    C. folgt   D. verfolgt
2. A. einen   B. einem   C. eines   D. einer

3. A. freiwilligen tätigen   B. freiwillige tätige
   C. freiwillig tätigen   D. freiwillig tätiges
4. A. Oberlauf B. Unterlauf   C. Vorlauf   D. Hinterlauf
5. A. kommt ... ab   B. kommt ... an
   C. kommen ... auf   D. kommen ... aus
6. A. funktionierenden   B. funktionierende
   C. funktionierten   D. funktionierte
7. A. kämpft B. erkämpft   C. bekämpft   D. mitkämpft
8. A. abgegeben   B. ausgegeben
   C. begeben   D. vergeben
9. A. an   B. bei   C. gegenüber D. mit
10. A. wären B. hätten   C. würden   D. seien

Text B

Wer erleben will, wie Ostdeutschland heute aussieht, __11__ sollte
sich auf den Weg nach Görlitz machen. Die „schönste Stadt
Deutschlands" __12__ (nennen) manche den Grenzort an der Neiße
im äußersten südöstlichen Zipfel Deutschlands. __13__ hier in
den vergangenen 13 Jahren entstanden ist, grenzt an __14__ (ein-)
Märchen: Görlitz ist wirklich „__15__ (auferstehen)" aus Ruinen.
Barockfassaden und Renaissancebrunnen, Bürgerpaläste und
Amtsgebäude, romantische Hinterhöfe und __16__ (verwinkeln)
Gassen, dazu ganze Straßenzüge, alles erstrahlt in einer
Fülle, __17__ den Atem raubt. Dabei war am Ende der DDR
nicht viel mehr übrig geblieben __18__ eine Ansammlung
von verrotteten Überresten einer stolzen Vergangenheit. Und
um das Märchen noch __19__ (schön-) zu machen, stiftet ein
unbekannter Mäzen alljährlich eine halbe Million Euro zur
Sanierung __20__ (alt-) Bauten.

TEST 8

Text A

Stanford gilt als __1__ der besten Universitäten der Welt. __2__ hier studiert, __2__ hat es geschafft. Nur jeder zwanzigste Bewerber wird __3__, weniger als an irgendeiner größeren Hochschule in den USA. __4__ den Stanford-Absolventen gehören Vordenker des Silicon Valley oder Google-Gründer. Die Studiengebühren liegen __5__ bis zu 52.000 US-Dollar im Jahr, dafür erhalten die Studenten __6__ zu den klügsten Professoren – und ein Netzwerk fürs Leben. __7__ innovativ das Umfeld der Hochschule in Kalifornien ist, __7__ traditionell funktioniert die akademische Welt: Gelehrt und gelernt wird ganz klassisch in Hörsälen oder in Bibliotheken. Im Jahre 2011 machten zwei Professoren den Anfang. __8__ auf dem Campus bieten die beiden ihren Kurs „Einführung in die künstliche Intelligenz" im Internet an – kostenlos, mit Videos und Übungsaufgaben. Thrun hat zu diesem Zeitpunkt nicht nur eine Professur in Stanford, __9__ leitet __9__ die sagenumwobene Forschungsabteilung „Google X", in __10__ Labor Roboter frei umherlaufen. Nun will sich Thrun zusammen mit seinen Kollegen in der Onlinelehre ausprobieren. Was als Experiment beginnt, wird am Ende eine Welle auslösen, die manche als „digitalen Tsunami" bezeichnen.

1. A. einer   B. eine   C. eins   D. einen
2. A. Wer, der   B. Wer, den   C. Wen, dem   D. Wen, dessen
3. A. zugenommen   B. mitgenommen

C. abgenommen   D. aufgenommen

4. A. An   B. Nach   C. Zu   D. Unter

5. A. bei   B. auf   C. vor   D. um

6. A. Ausgang   B. Eingang   C. Zugang   D. Untergang

7. A. Je, desto   B. So, so

    C. Einerseits, andererseits   D. Kaum, da

8. A. Aufgrund   B. Während

    C. Wegen   D. Statt

9. A. sondern, /   B. sondern, auch

    C. sondern, als   D. ebenfalls, noch

10. A. die   B. der   C. denen   D. deren

Text B

Als Reinhard noch klein war, __11__ (werden) er mit seinem Vater und seinen Brüdern aus Schlesien vertrieben, Christel 1946 aus ihrem Dorf mitten in der Eifel __12__ (ausweisen), weil man es __13__ militärischen Übungsterrain erklärte. Die Geschichten sind __14__ unterschiedlich, aber sie beide handeln __15__, wie Heimat durch den Zweiten Weltkrieg für immer zerstört wurde. Das Bild von der alten Heimat ist geprägt von den __16__ (Herausforderung) der Nachkriegszeit – von der Notwendigkeit, schnell wieder Fuß zu fassen und sich selbst versorgen zu können. Deutschland musste __17__ (neu) aufgebaut werden und das barg die Chance, die neue Heimat aktiv mit zu gestalten. Vorbilder gab es dafür genug und es gab unter den __18__ (vertreiben) jede Menge Intellektuelle, __19__ das gesellschaftliche Leben der BRD prägten. Es hat weniger eine Integration von Flüchtlingen in die BRD gegeben, __20__ dass eher umgekehrt die BRD selber das Ergebnis dieses erfolgreichen Integrationsprozesses ist.

TEST 9

Text A

Heute leben über 7 Milliarden Menschen auf der Welt. Wir brauchen __1__ Nahrung, Wasser und die meisten von uns trachten zu Recht nach der __2__ ihres Lebensstandards. In den 1970er Jahren, als noch vier Milliarden Menschen diesen Planeten __3__, wurde bereits klar, dass unser Lebensstil der Umwelt und damit auch der zu ihr __4__ Atmosphäre schadet und es Maßnahmen zum Gegensteuern braucht. Der Club of Rome war 1972 mit der von ihm in __5__ gegebenen Studie „Die Grenzen des Wachstums" ein gedanklicher Anfang, die UNO-Konferenz für Umwelt und Entwicklung in Rio de Janeiro 1992 signalisierte 20 Jahre später eine große Aufbruchstimmung in 172 Staaten dieser Welt. Ein __6__ dieser Konferenz war die globale Klimarahmenkonvention, die 1997 im Kyoto-Protokoll mündete, __7__ erstmals rechtlich verbindliche Ziele für Emissionshöchstmengen für die Industrieländer __8__ wurden. __9__ wurden die Ziele von vielen Staaten immer noch nicht erreicht, __10__ auch die Medien zunehmend das Interesse an diesen Veranstaltungen verlieren.

1. A. alles   B. allen   C. aller   D. alle
2. A. Verbesserung   B. Verkürzung
   C. Verschlechterung   D. Verlängerung
3. A. wohnten   B. beiwohnten
   C. bewohnten   D. einwohnten

4. A. gehörende
  C. gehörender
  B. gehörenden
  D. gehörendes

5. A. Vertrag B. Beitrag C. Betrag D. Auftrag
6. A. Ergebnis B. Erlebnis C. Erlaubnis D. Ereignis
7. A. in das B. das C. in dem D. dessen
8. A. festgenommen B. festgestellt
  C. festgelegt D. festgemacht
9. A. Beispielsweise B. Bedauerlicherweise
  C. Glücklicherweise D. Probeweise
10. A. damit B. da C. obwohl D. sodass

Text B

Man gibt ein paar Bakterien in eine Petrischale （培养皿）. Spendet man noch ein wenig Licht und __11__ (genügen) Wärme, so werden sich Bakterien wunderbar entwickeln – __12__ Lebewesen darin geht es gut. Langsam haben die Bakterien ihre Ressourcen aufgebraucht und gleichzeitig verhindert ein hohes Maß __13__ Stoffwechselprodukten die weitere Ausbreitung: Ein paar Tage später bricht die Bakterienkultur in sich zusammen. Wir Menschen sind __14__ den Bakterien eigentlich gar nicht so weit entfernt: Wir nutzen die Ressourcen unseres __15__ (Planet) zur Entwicklung __16__ Menschheit. Wir tragen mit großer __17__ (wahrscheinlich) auch zum Klimawandel bei. Das arktische （北极的）Eis hatte im September 2012 eine um 3,1 Millionen Quadratkilometer geringere Ausbreitung __18__ im langjährigen Mittel. Die Meere sind viel __19__ (sauer-). __20__ (vergleichen) mit den Daten vor 15 Jahren, hat sich die Zahl der Hitzerekorde in der BRD in den letzten 15 Jahren verdoppelt.

TEST 10

Text A

__1__ im Sommer von Weihnachten träumen? Für Marsforscher so. Seit sich am 2. Juni eine Trägerrakete in den Abendhimmel schraubte, träumen viele Europäer mit den Marsforschern. Ihr Traum: Am 25. Dezember 2003 __2__ eine Landekapsel in die dünne Atmosphäre von Mars __2__, __3__ sie sich 5 Tage vorher vom Mutterschiff getrennt hat. Zunächst donnert die Kapsel mit einer Geschwindigkeit von 5,75 Kilometern pro Sekunde auf ihr Ziel zu, dann wird sie immer __4__. Bei einem Tempo von 350 Metern in der Sekunde öffnet sich ein Stabilisierungsfallschirm, dann der Hauptfallschirm. Dann – die Kapsel ist nur 250 Meter vom Marsboden entfernt – blasen sich drei große Airbags auf, __5__ den baldigen Aufprall __5__ dämpfen. Unten __6__ – genauer: In der Isidis-Tiefebene nördlich des Mars-Äquators – öffnet sich das Landemodul: Aus der Innenseite seines Deckels klappen vier Paneele mit Solarzellen __7__, damit die Batterie __8__ werden kann, die in einer Zentraleinheit des Landesgeräts __9__ ist. Die Landefähre und der dazugehörige Planeten-Umkreiser „Mars Express" werden nach Spuren __10__ Existenz auf dem kalten Nachbarplaneten suchen.

1. A. Mitte   B. Mittel   C. Mittels   D. Mitten
2. A. tauchte, / B. tauchte, auf C. tauchte, ein D. tauchte, unter
3. A. nachdem B. bevor   C. obwohl   D. während
4. A. langsam B. langsamer C. schnell   D. schneller

5. A. als, zu   B. ohne, zu   C. statt, zu   D. um, zu
6. A. angekommen   B. ankommend
   C. abgefahren   D. abfahrend
7. A. hinaus   B. hinein   C. heraus   D. herein
8. A. unterladen   B. eingeladen
   C. aufgeladen   D. beladen
9. A. zurückgebracht   B. untergebracht
   C. beigebracht   D. angebracht
10. A. organische   B. organischen
    C. organisches   D. organischer

Text B

In den Schulen und Hochschulen hat sich an der Weise, __11__ wir lernen, seit Jahrhunderten wenig verändert. Einmal hat der preußische Reformer Wilhelm von Humboldt Anfang des 19. Jahrhunderts versucht, eine „Bildung für alle" unabhängig __12__ Stand, Beruf und Herkunft zu ermöglichen. Grundbildung, __13__ (verwirklichen) durch das allgemeine und einheitliche Schulwesen – das war für Humboldt Voraussetzung für ein selbstbestimmtes Leben. Nicht nur die __14__ (privilegieren), sondern jeder Mensch sollte auch das Recht haben, sich __15__ (sein-) Potential entsprechend zu entfalten. Humboldt wollte freie, autonome Persönlichkeiten, die das Lernen lernen sollten, __16__ ein Leben lang lernen zu können. Und er war davon überzeugt: Wer gut ist, __17__ kommt weiter, egal __18__ er herkommt. __19__ (Humboldt) erstes Ziel – Bildungszugang für alle – ist heute in Deutschland weitgehend erreicht. Dass jedoch jeder die Bildung __20__ (erhalten), die zu seinen Fähigkeiten passt, ist ein unerfülltes Ideal geblieben.

TEST 11

Text A

Oft kommt es vor, dass ich von Schulklassen eingeladen werde. Nach der Lesung stellen mir die Schüler Fragen – nie wollen sie was __1__ über den Inhalt meiner Gechichten wissen, __2__ immer nur, was ich im Jahr damit verdiene. Einige fragen mich auch, ob ich auf Deutsch träume, und versuchen, eine Verbindung zwischen mir und der deutschen Sprache __3__. „Warum schreiben Sie auf Deutsch?", fragen sie mich während der Lesungen und in ihren Briefen. „Haben Sie schon in Moskau in der Schule Deutsch gelernt? Was lieben Sie __4__ der deutschen Sprache?" Ich verteidige mich mit aller __5__. „Nein, ich habe Deutsch nicht in der Schule gelernt, sondern nur hier – aus Not", erklärte ich. Als Schriftsteller war ich an einem großen Lesepublikum __6__, habe aber __7__ immer misstraut. Und in Deutschland bleibt trotz __8__ Einwanderung Deutsch noch immer mit Abstand die einzige Sprache, die von den meisten verstanden und gelesen wird. Ich muss sagen, dass ich nie ein Sprachkünstler gewesen bin, für mich ist die Sprache nur ein Werkzeug, zum Beispiel ein __9__ Hammer, der Verständigungsbrücken __10__ anderen schlägt.

1. A. Näheres B. Nähere   C. näheres   D. nähere
2. A. aber   B. doch   C. sondern   D. jedoch
3. A. anzustellen   B. herzustellen
   C. umzustellen   D. zuzustellen

4. A. zu   B. gegenüber   C. bei   D. an

5. A. Herzen   B. Hoffnung   C. Kraft   D. Mut

6. A. interessiert   B. interessierend
     C. interessant   D. Interesse

7. A. der Übersetzer   B. die Übersetzer
     C. den Übersetzer   D. den Übersetzern

8. A. aller   B. allem   C. alles   D. allen

9. A. helfendes   B. helfender
     C. geholfenes   D. geholfener

10. A. an   B. für   C. um   D. zu

Text B

Professoren berichten, dass sie vor ein paar Jahren noch spontan die Studenten unterscheiden konnten, __11__ sie aus Ost- oder Westdeutschland stammten; heute sei das kaum mehr möglich, __12__ von äußeren Merkmalen noch vom sozialen Verhalten. Dass ostdeutsche Unis __13__ westdeutschen Studenten populär sind, __14__ (hängen) nicht zuletzt __15__ zusammen, dass sie einen guten Ruf haben. Im jüngsten Hochschulranking des Zentrums für Hochschulentwicklung stellen Ost-Unis in vielen Fachbereichen __16__ (der) Westen klar in den Schatten: In der Humanmedizin beispielsweise rangieren die Hochschulen Dresden, Greifswald, Jena und Magdeburg auf den __17__ (Platz) eins bis vier, erst auf Rang fünf kommt mit der Uni Regensburg eine westdeutsche Alma Mater. Oft haben die ostdeutschen Universitäten jüngere Professoren, häufig sind die Institute moderner __18__ (ausstatten) als die im Westen, und es gibt relativ __19__ (wenig) Studenten pro Lehrkraft. __20__ kann in den jungen Ländern schneller studiert werden.

TEST 12

Text A

Der Klimawandel begünstigt die __1__ von Naturkatastrophen
wie Hurrikans, Dürren und Hochwasser. Es gibt dafür eine Reihe
von __2__ Gründen. In einem warmen Klima ist insgesamt mehr
Energie im System und der Wasserkreislauf wird angeheizt.
Wärmere Ozeantemperaturen können __3__ stärkeren tropischen
Stürmen führen. Wärmere Luft kann mehr Wasserdampf
aufnehmen, __4__ Extremniederschläge begünstigt. Die
Verdustung geht schneller, was auch bei __5__ Niederschlägen
Austrocknung von Böden und Dürreprobleme hervorrufen
kann. Was wir als extrem erleben, hat außerdem damit zu
tun, __6__ unsere Strukturen angepasst sind. Es ist noch zu
früh, __7__ zuverlässige regionale Prognosen abzugeben.
Dennoch kann man schon einige besonders verletzbare Regionen
identifizieren, z.B. tiefliegende Küstengebiete, __8__ durch den
Meeresspiegel-Anstieg die Sturmflutgefahr steigt. In Europa ist vor
allem der Mittelmeerraum durch Dürre gefährdet. Alles in allem
sind arme Länder besonders __9__, doch sie haben __10__ zum
Klimawandel beigetragen.

1. A. Abnahme   B. Einnahme
   C. Übernahme   D. Zunahme
2. A. physischen   B. psychischen
   C. physikalischen   D. psychologischen
3. A. zu   B. nach   C. mit   D. bei

4. A. das   B. was   C. dafür   D. wofür
5. A. gleichbleibender   B. gleichbleibenden
   C. gleichgebliebener   D. gleichgebliebenden
6. A. worum   B. wofür   C. wobei   D. woran
7. A. um   B. statt   C. ohne   D. als
8. A. wohin   B. woher   C. wo   D. worauf
9. A. zu betreffend   B. betrifft
   C. betreffend   D. betroffen
10. A. nicht   B. kaum   C. nie   D. kein

Text B

__11__ lernt man am besten Deutsch? Ganz einfach: mit Spaß. Die Wege sind dabei so vielfältig wie die Motive, Deutsch __12__ lernen – neben __13__ (klassisch) Unterricht gibt es Kurse im Radio und im Internet. Und manche lernen am schnellsten __14__ (singen). In anderen Sprachen wie im __15__ (japanisch) gibt es keine drei Artikel. Der, die, das – drei Wörter mit drei Buchstaben, die einen Tisch zu einem männlichen Gegenstand, ein Haus zu einem sachlichen, eine Bank zu einem weiblichen machen. Drei Wörter, mit __16__ jeder Deutschlerner Bekanntschaft macht. Auch in der Deutschstunde an __17__ (diese-) Mittwochvormittag geraten die Artikel durcheinander. Aber es ist nicht schlimm. Denn die Teilnehmer im Intensivkurs des Goethe-Instituts Frankfurt sprechen schon gut und können auch __18__ komplizierte Fragen antworten – zum Beispiel darauf, was ihnen am Deutschlernen leicht und schwer fällt. Praktisch findet ein Teilnehmer aus Korea, dass man das Deutsche – meistens schreibt, wie man spricht. Ein anderer Teilnehmer schätzt __19__ die Systematik der Grammatik, __20__ (halten) die Aussprache aber für schwer.

TEST 13

Text A

Dichter Smog hüllte eine Stadt __1__ ein, die Sichtweise war oft so gering wie in dichtem Novembernebel und nur noch wenige Menschen gingen nach draußen. Wer vor die Tür treten musste, __2__ war ein Mundschutz obligatorisch, um überhaupt atmen zu können. Mit vernünftiger Lebensqualität hat das __3__ zu tun – die Sterblichkeitsrate stieg in diesen Tagen deutlich an. Die Feinstaubbelastung ist nun zur vierthäufigsten Todesursache hinter den Risiken __4__ falsche Ernährung, Bluthochdruck und Rauchen __5__. Ein Winterhoch mit wenig Luftbewegung hatte sich über die Stadt festgesetzt und __6__ konnten sich Schadstoffe rasch in der Atmosphäre ansammeln. Das Problem: Die Einwohnerzahl ist seit 1998 von 12 auf 21 Millionen __7__ oder besser gesagt explodiert. Die Anzahl der sich durch die Stadt __8__ Autos hat sich in dieser Zeit von 1 auf über 5 Millionen erhöht. __9__ sind viele Fabriken in der Innenstadt angesiedelt. Einige große Kohlenkraftwerke produzieren die notwendige Energie für die Stadt. Kein Wunder, denn da werden immer noch 67% der Energie und 78% des Stroms durch Kohlenverbrennung __10__.

1. A. wöchentlich   B. wöchig
   C. wochenlang   D. Wochen
2. A. für den   B. der   C. zu dem   D. dessen
3. A. kein   B. keins   C. nicht   D. nichts

4. A. an   B. durch   C. über   D. um
5. A. geblieben   B. geheißen
   C. gewesen   D. geworden
6. A. dazu   B. dagegen   C. dadurch   D. daran
7. A. gefallen   B. gewachsen   C. gesteigert   D. zurückgegangen
8. A. schiebenden   B. schiebende
   C. geschobenen   D. geschobene
9. A. Infolgedessen   B. Trotzdem
   C. Außerdem   D. Stattdessen
10. A. verschwendet   B. verbraucht
    C. gespart   D. gewonnen

Text B

Afghanistan war über 30 Jahre lang das Land, __11__ jährlich die meisten Flüchtlinge kamen. Der Einmarsch __12__ (sowjetisch) Truppen 1980 und der dann folgende Krieg ließen mehr als die __13__ (halb) der Bevölkerung das Land verlassen. Rund 3 Millionen gingen nach Pakistan, 1,5 Millionen in __14__ Iran. Zur Zeit leben rund 1,7 Millionen Afghanen in Pakistan und 3 Millionen im Iran. Seit dem Jahr 2002 sind 4,7 Millionen in ihr Heimatland zurückgekehrt. Im Jahre 2014 liegt Afghanistan an __15__ (zwei) Stelle der Herkunftsländer – nach Syrien. Pakistan nimmt seitdem nur noch Platz 2 __16__ den Staaten mit der größten Aufnahmebereitschaft ein. 2014 flohen 280.000 Afghanen __17__ Gewaltausbrüchen in Pakistan in ihr Herkunftsland. Afghanistan zählt rund 950.000 Binnenflüchtlinge. Die 2014 __18__ (auslaufen) Nato-geführte Sicherheits- und Wiederaufbaumission konnte in Afghanistan die __19__ (dort) Lage nicht befrieden. Die Zahl der verletzten oder getöteten Zivilpersonen 2014 __20__ stark angestiegen.

TEST 14

Text A

„Revolution", „Wiederauferstehung", „Renaissance" – man traut __1__ Ohren nicht. Viele Jahrzehnte sind sie belächelt und kritisiert worden. Der deutsche Wein wurde als „sweet und cheap" im Ausland verspottet. Doch jetzt klingt alles __2__. Der Riesling, wird plötzlich gelobt und verehrt – als __3__ Star unter den internationalen Weinen. __4__ in den USA, aber auch in Kanada, Großbritannien und Fernost, ist eine Bewegung in Gang __5__. Viele Rieslingweine seien in kurzer Zeit ausverkauft; in Spitzenrestaurants und Weinbars wird er willkommen __6__; er sei dabei, den Chardonnay, der jahrelang das Feld __7__ habe, ins Abseits zu drängen. Dass es sich bei der „Riesling-Revolution" nicht um eine kurzfristige Laune der Wein-Schickeria zu __8__ scheint, __9__ die Argumente, die für die plötzliche Riesling-Begeisterung genannt werden. Der Riesling sei der ideale Partner für die moderne leichte Küche. Außerdem harmoniere er auf beste Weise mit der asiatischen und zentralamerikanischen Kochkunst. Obwohl die Preise für den Riesling in letzter Zeit leicht gestiegen sind, ist der Wein __10__ ein preiswertes Vergnügen.

1. A. seine   B. seiner   C. seinen   D. seines
2. A. anderes   B. anders   C. anderen   D. andere
3. A. neuer   B. neues   C. neue   D. neuen
4. A. Seit langem   B. Ohne weiteres
   C. Unter anderem   D. Vor allem

5. A. gebracht   B. gefunden   C. gekommen   D. gesetzt
6. A. geheißen   B. gehießen   C. genannt   D. gegolten
7. A. kontrolliert   B. besitzt
   C. beherrscht   D. herrscht
8. A. verhandeln   B. misshandeln
   C. behandeln   D. handeln
9. A. errät   B. verrät   C. gerät   D. rät
10. A. ab und zu   B. von nun an
    C. wie nie zuvor   D. nach wie vor

Text B

Kohlendioxid ist __11__ nur das zweitwichtigste Treibhausgas, aber es ist sehr langlebig, __12__ die Moleküle halten sich etwa 100 bis 150 Jahre in der Atmosphäre auf. Es gibt verschiedene Versuchsanordnungen, mit __13__ man zeigen kann, dass die Temperatur unter Zufuhr von Wärmestrahlung in einer kohlendioxidreicheren Luft höher als in einer __14__ (kohlendioxidarm). Besonders mühelos im Schulunterricht machbar ist dieser Versuch: Man nimmt zwei gleiche Flaschen, die normale Umgebungsluft enthalten, und erhöht in __15__ (ein-) der beiden den CO2-Gehalt. Besonders einfach gelingt das, wenn man Essig __16__ Sodawasser mischt. Weil Kohlendioxid schwerer als Luft ist, kann man es einfach mit einem Schlauch in eine der Flaschen einbringen. Dann __17__ (messen) man zur Kontrolle die Temperaturen in beiden Flaschen, die natürlich gleich sind. Nun stellt man zwei identische normale Glühlampen in gleicher Entfernung vor __18__ (die-) Flaschen und schaltet sie __19__. Nachdem beide Flaschen etwa eine Schulstunde lang mit deren Licht bestrahlt __20__ (werden), lässt man die Temperatur erneut messen. Das Ergebnis: Die Flasche mit der CO2-reicheren Luft ist wärmer als die andere.

TEST 15

Text A

__1__ seine Erfindung __1__ demonstrieren, opfert Walter Gumbrecht schon mal sein eigenes Blut. Vorsichtig gibt der Forscher einen Tropfen auf einer schmalen Chipkarte. Das Blut wird __2__ Innere der Karte gesaugt, die von außen __3__ simplen Scheckkarte ähnelt. „Doch sie ist voll von Miniaturkanälen, __4__ biochemische Prozesse ablaufen", erklärt Gumbrecht. Wird ein wenig Wasser hindurchgepumpt, dann wird das Erbgut der Zellen automatisch vervielfältigt. __5__ komplex diese Abläufe klingen, __5__ einfach ist es, das System zu nutzen: „Man muss __6__ tun, als einen Tropfen der Probe auf die Karte zu geben und ein wenig zu warten", betont Gumbrecht. In nicht einmal einer Stunde liefert der Apparat das __7__. Wenn hingegen ein Arzt eine Probe in ein Labor schickt, dauert es durchschnittlich zwei Tage, __8__ der Befund vorliegt. Dieser Zeitgewinn kann mitunter __9__ sein, wenn es darum geht, ob Gliederschmerzen und Fieber auf eine Erkältung hindeuten oder ob eine gefährliche Virusgrippe vorliegt. __10__ eignet sich das Labor auf dem Chip auch für Tests auf Allergien, Erbkrankheiten oder Unverträglichkeiten gegenüber Medikamenten.

1. A. Als, zu   B. Ohne, zu   C. Um, zu   D. Statt, zu
2. A. ins   B. in den   C. in die   D. in der
3. A. eine   B. einem   C. eines   D. einer
4. A. woher   B. wo   C. wohin   D. in den

5. A. Je, desto   .   B. Sowohl, als auch
   C. Zwar, aber   D. So, so
6. A. Nichts anderes   B. Nichts Anderes
   C. nichts anderes   D. nichts Anderes
7. A. Ereignis B. Ergebnis   C. Erlaubnis   D. Erlebnis
8. A. während B. nachdem   C. bevor   D. bis
9. A. lebensrettend   B. lebenrettend
   C. lebensgerettet   D. lebengerettet
10. A. Stattdessen   B. Darum
    C. Außerdem   D. Inzwischen

Text B

Wenn ich heute nach Berlin komme, in __11__ (klimatisieren) und blitzenden ICEs, oder die Züge in Bahnhof Zoo ein- und __12__ (ausfahren) sehe, merke ich, __13__ sich in Berlin geändert hat: Die Metropole ist wieder an __14__ Welt angeschlossen. Und im „Kaufhaus des Westens", dem KaDeWe, hat man immer noch das Gefühl, in der __15__ (reich) sortierten Lebensmittelabteilung der Welt zu sein, __16__ es wirklich alles gibt. Wer in Berlin-Mitte sitzt, __17__ (wissen) nicht nur, dass hier einst der Kronprinzip sein Steak genoss, sondern er kriegt manchmal __18__ den Kanzler zu Gesicht. Auch der Außenminister fährt immer zum Einkaufen auf Märkte. Berlin, __19__ 1990 wieder die Hauptstadt eines Staates, lässt von der 28 Jahre dauernden Teilung der Stadt kaum noch etwas erfahren. Hier, um einen der schönsten Plätze Deutschlands, liegt eine Fülle von schönen Hotels, Restaurants, Kneipen, Bars, Kulturstätten, die zu der Hoffnung berechtigen, Berlin könne wieder das Herz eines __20__ (zusammenwachsen) Deutschlands werden.

TEST 16

Text A

Am Eröffnungstag der größten Technologiemesse der Welt kommen die Fachbesucher nur schwer von Stand zu Stand. Dicht __1__ schieben sie sich durch die Gänge – auf der Suche nach neuesten Lösungen aus Automation, Robotik und Energie. Jedes Jahr im April präsentiert die Hannover Messe die neusten Technologien und __2__ die internationale Fachwelt __2__. Dieser Termin ist ein Muss, wenn __3__ auf dem neusten Stand sein will. 155.000 Besucher und 5.175 Aussteller, __4__ 2.322 aus dem Ausland, kamen dieses Jahr. In der Business-to-Business-Kommunikation, also __5__ direkten Kontakt unter Geschäftspartnern, liegen Messen und Ausstellungen ganz oben. Nach __6__ des Ausstellungs- und Messe-Ausschusses der Deutschen Wirtschaft setzen 81% der __7__ Unternehmen auf diese Vertriebsschienen. Triumph des persönlichen Kontaktes im immer __8__ Zeitalter des Internets? Nicht direkt. Denn entgegen __9__ Prophezeiungen ergänzen sich reale und virtuelle Marktplätze bestens. Genau __10__ dieser Entwicklung profitiert Deutschland und wird zum Drehkreuz der Weltwirtschaft.

1. A. gedrängt   B. drängend   C. drängen   D. zu drängen
2. A. zieht, um   B. zieht, aus   C. zieht, an   D. zieht, ab
3. A. eines   B. einem   C. einen   D. einer
4. A. davor   B. davon   C. dazu   D. darin
5. A. des   B. der   C. den   D. dem

6. A. Angaben B. Aufgaben   C. Ausgaben   D. Übergabe
7. A. befragende   B. befragte
   C. befragenden   D. befragten
8. A. anonymer werdende   B. anonymer werdenden
   C. anonyme gewordene   D. anonyme gewordenen
9. A. alle   B. aller   C. allen   D. alles
10. A. an   B. mit   C. von   D. zu

Text B

Deutsch ist eine der am meisten __11__ (sprechen) Sprachen in der
EU, mit __12__ 90 Millionen Menschen aufwachsen. 50 Millionen
sprechen sie als Fremdsprache. Deutsch nimmt Strömungen und
Moden auf und spielt mit ihnen. Ein Überblick __13__ Tendenzen
der deutschen Sprache. „Hast du Probleme oder was?" Diese
Wendung entstammt einer Kunstsprache __14__ (jugendlich),
die das Deutsch türkischer Schüler imitiert. Diese Wendung
__15__ inzwischen schon in Spielfilme eingegangen. Man kann
sie etwa so übersetzen: „Ist etwas nicht in Ordnung mit dir? Fehlt
__16__ (du) etwas?" Diese Sprache heißt kanak Sprak. Sprak heißt
Sprache, falsch __17__ (aussprechen), und Kanake ist ein böses
Schimpfwort für Leute, die gebrochen Deutsch sprechen. __18__
diese Jugendlichen das Schimpfwort verwenden und ihm seine
abwertende Bedeutung nehmen, bezeichnen sie ihre Sprechweise:
„Hört her, unsere Sprechweise ist was __19__ (besonder). Wir
finden sie schön, doch die Erwachsenen können sie nicht." __20__
Deutsch lernen will, lernt aber in der Regel Hochdeutsch und keine
Jugendsprache.

TEST 17

Text A

Unter den verschiedenen Landesküchen ist italienisch die __1__ der Deutschen. Für viele erinnert der Duft einer Steinofenpizza oder der Geschmack von Spaghetti Bolognese __2__ an gesellige Familienurlaube in Italien. Dabei __3__ man aber nicht immer ins Flugzeug zu steigen, um sich italienische Gerichte herbeizuzaubern. Köln hat viele ausgezeichnete Italiener, __4__ man sich wie in einem italienischen Restaurant fühlt. __5__ fehlt der Meerblick, __5__ mit Liebe zubereitetes Essen kann über die Sehnsucht nach dem nächsten Italienurlaub hinweg helfen. Lieben Sie die italienische Küche, sind Sie in der __6__ Innenstadt genau richtig. Hier gibt es eine fantastische Auswahl __7__ italienischen Restaurants. Die Qualität der Zutaten ist das A und O der italienischen Küche und besticht(博得好感) durch ihr einzigartiges, frisches Aroma. __8__ Sie beim Shoppen auf der Schillerstraße unterwegs sind, eine Sightseeingtour machen oder den Fischmarkt besuchen und danach gemütlich im Rheinpark spazieren: Für exzellentes italienisches Essen danach __9__ bereits gesorgt. Denn wie oben schon erwähnt: Die Deutschen lieben Pasta und Pizza und die Restaurants sind immer __10__ .

1. A. beliebte   B. beliebtere   C. beliebteste   D. beliebende
2. A. nämlich   B. darum   C. stattdessen   D. trotzdem
3. A. scheint   B. pflegt   C. hat   D. braucht
4. A. an den   B. bei denen   C. neben den   D. zu denen

5. A. Entweder, oder   B. Sowohl, als auch
   C. Zwar, aber   D. Weder, noch
6. A. Kölner   B. Kölnen   C. Kölnes   D. Kölne
7. A. zu   B. für   C. bei   D. an
8. A. Dass   B. Egal   C. Irgendwann   D. Ob
9. A. sei   B. ist   C. sind   D. wären
10. A. gut bedient   B. viel angerufen
    C. gut besucht   D. viel bestellt

Text B

Die traditionelle indische Gesundheitslehre ist von der WHO als Behandlungsmethode __11__ (anerkennen). Alles kreist sich um den Stoffwechsel – ist der __12__ dem Gleichgewicht geraten, wird es ungemütlich: Schlechter Schlaf, aber auch akute Erkrankungen werden __13__ zurückgeführt. Es gibt zahlreiche Empfehlungen dazu, wie und wann Mahlzeiten zu __14__ genommen werden sollen und welche Nahrungsmittelkombinationen __15__ (vermeiden) werden sollten. Es muss aber gar nicht so kompliziert sein: „Es handelt sich nur darum, grundsätzlich nicht jeden Tag zu jeder Mahlzeit __16__ (der-) Körper im Weg zu stehen, __17__ ihm zu ermöglichen, seine Arbeit zu tun", sagt Schwandt. Ein erster Schritt kann sein, sich selbst zu beobachten. Außerdem können Heißhungerattacken Auskunft __18__ geben, was uns gerade fehlt, erklärt Schwandt: „Mein Ziel ist, anderen dabei zu helfen, die Sprache ihres Körpers zu verstehen." Ihre gute Nachricht: Haben wir einmal verstanden, wo das Problem liegt, gibt es mehrere __19__ (einfach) Möglichkeiten, __20__ (gegensteuern) und auszugleichen.

TEST 18

Text A

Seit Jahren forschen Unternehmen nach Technologien, mit denen man Fleisch und Fisch im Labor __1__ könnte. Kürzlich präsentierte ein Unternehmen aus Israel ein Steak aus dem 3D-Drucker. In den USA __2__ nun an der Massenproduktion gearbeitet. __3__ Tiere in Ställen __3__ mästen und anschließend zu schlachten, werden __4__ Zellen entnommen, die dann in einem Bioreaktor vermehrt werden. Das Prinzip ist aus der Medizin bekannt. Aus den Zellklumpen wird am Ende künstliches Fleisch. Zugleich sind nicht wenige davon __5__, dass das Erreichen der Klimaziele nur mit einer fundamentalen Änderung unserer Konsumgewohnheiten möglich sein wird. __6__ gehört, dass wir unseren Fleischkonsum verändern. Dass kultiviertes Fleisch kommen wird, steht für den Forscher __7__ Frage. Viel __8__ ist für ihn, wie man mit den fundamentalen Veränderungen umgeht, die das mit sich bringen wird. Für die deutschen Bauern sind die aktuellen __9__ in der Forschung schlechte Nachrichten, denn Fleisch aus dem Labor dürfte bald ein Massenprodukt sein, __10__ ihnen verständlicherweise Angst macht. Alle wissen, was das für die deutsche Landwirtschaft bedeutet.

1. A. aufstellen B. bestellen C. herstellen D. verstellen
2. A. wird B. ist C. hat D. werden
3. A. Als, zu B. Statt, zu C. Ohne, zu D. Um, zu
4. A. es B. ihm C. sie D. ihnen

5. A. verlassen B. überzeugt   C. geglaubt   D. vertraut
6. A. Daran   B. Dabei   C. Darüber   D. Dazu
7. A. unter   B. in   C. außer   D. an
8. A. wichtiger B. schwerer   C. kostbarer   D. einfacher
9. A. Einbrüche   B. Durchbrüche
   C. Ausbrüche   D. Abbrüche
10. A. dies   B. es   C. was   D. das

Text B

Der 8. Januar war ein Glückstag für Robert Taylor. Er war __11__
Las Vegas gereist und versuchte sein Glück an einem __12__
(Spielautomat). Tatsächlich gewann er insgesamt rund 229.000
US-Dollar, __13__ (umrechnen) also etwa 200.000 Euro. Davon
bemerkte Taylor allerdings erst einmal gar __14__. Schuld war
eine „Fehlfunktion" des Geräts, __15__ es in einer Erklärung
heißt. Dadurch seien __16__ Taylor noch dem Casinopersonal
mitgeteilt worden. Als der Gewinn bestätigt wurde, sei Taylor
bereits wieder in seiner Heimat gewesen. Es sei nicht leicht
gewesen, den Gewinner herauszufinden. Es gab eine „intensive
Untersuchung", __17__ (durchführen) von mehreren Mitarbeitern
der Glücksspielaufsicht. Die Aufnahmen aus zahlreichen
Überwachungskameras seien ausgewertet worden; außerdem
seien Zeugen befragt und so weiter. Am Ende stand dann fest:
Robert Taylor war der __18__ (glücklich-). Er wurde am 28.
Januar über seinen Gewinn informiert. __19__ Mitteilung der
Glücksspielaufsicht zufolge wollte Taylor in die Stadt zurückkreisen,
um seinen Gewinn von 229.368,52 Dollar __20__ (abholen).

TEST 19

Text A

Wer smarte Helfer wie Apps oder Fitness Tracker für Sport, Ernährung und Gesundheit verwendet, __1__ tut tatsächlich etwas für seinen Körper. Zu diesem __2__ kommt eine repräsentative Umfrage. Über zwei Drittel der Menschen, die Fitness-Technik benutzen, haben __3__ abgenommen, so die Studie. Mehr als 50% der Fitness-Technik-Nutzer bewegt sich mehr und treibt mehr Sport. Jeder Zweite ernährt sich __4__ eigenen Angaben gesünder. Was genau machen die Menschen mit ihren Fitness Trackern, Smartphones und Apps? Mehr als jeder Dritte __5__ seine tägliche Schritte. Während jeder Vierte seinen Kalorienverbrauch erfasst, haben sich fast ebenso viele Nutzer einen Trainingsplan __6__. 23% der Befragten trainieren mit Smartphone zu Hause. __7__ die Technik hat auch ihren Haken: Die meisten Nutzer haben den Eindruck, dass die __8__ Schritte nicht korrekt erfasst werden. Fast die Hälfte hat außerdem das Gefühl, dass der Reiz der Technik bei längerer Nutzung __9__. Außerdem sorgt sich mehr als die Hälfte der Nutzer zumindest gelegentlich um den __10__ mit ihren persönlichen Daten, die sie mit Smartphones und Fitness Trackern erfassen.

1. A. der   B. den   C. dem   D. dessen
2. A. Erlaubnis B. Erlebnis   C. Ergebnis   D. Erkenntnis
3. A. indem   B. seitdem   C. stattdessen   D. vorher
4. A. ähnlich   B. infolgedessen C. wie   D. nach

5. A. zählt   B. zahlt   C. erzählt   D. bezahlt
6. A. umstellt   B. herstellt   C. erstellt   D. bestellt
7. A. Allerdings B. Doch   C. Jedoch   D. Trotzdem
8. A. zurückgelegenen   B. zurücklegenden
   C. zurückzulegenden   D. zurückgelegten
9. A. anlässt   B. überlässt   C. verlässt   D. nachlässt
10. A. Untergang   B. Umgang
    C. Eingang   D. Ausgang

Text B

Bundesgesundheitsminister hat am 3. Mai __11__ einem Anstieg
der Corona-Zahlen im Sommer gewarnt und die Beibehaltung
weitreichender Schutzmöglichkeiten __12__ den 20. März hinaus
gefordert. „Wir müssen mit einer Sommerwelle rechnen", sagte
Lauterbach. Sowohl die Delta- als auch die Omikron-Variante __13__
(scin) so infektiös, dass es selbst bei __14__ (gut) Wetter durch
viele Kontakte und den nachlassenden Impfschutz wieder zu __15__
(steigen) Infektionszahlen kommen könne. Darauf __16__ (müssen)
das Infektionsschutzgesetz ausgerichtet werden, forderte der Minister.
Am Freitag waren bundesweit die Lockerungen der Corona-
Maßnahmen in __17__ getreten, die besonders Restaurants,
Diskotheken und Veranstaltungen __18__ (betreffen). Diese
Maßnahmen laufen allerdings bereits am 19. März wieder aus. Denn
nur bis zu diesem Zeitpunkt erlaubt das Infektionsschutzgesetz
die bisherigen Corona-Einschränkungen. Bund und Länder
sind __19__ zwar darüber einig, dass es auch ab dem 20. März
weiter einen gewissen Basisschutz geben soll, über __20__ genaue
Ausgestaltung es noch keine Einigung gibt.

TEST 20

Text A

Immer mit der Mode gehen – in einer Zeit, __1__ die Kollektionen
alle paar Wochen ausgetauscht werden? Das ist alles andere als
nachhaltig. Wie kann sich die schnelle Mode in grüne Mode __2__?
Ein Blick in einen deutschen Kleiderschrank verdeutlicht das
ganze Dilemma: Jedes fünfte Kleidungsstück __3__ wird nach
einer Umfrage so gut wie nie getragen. In den letzten Jahren
habe sich die Produktion von Textilien verdoppelt, erzählt Viola
Wohlgemuth von der Umweltorganisation Greenpeace, __4__ sich
die Tragezeit gleichzeitig halbiert. Wohlgemuth vergleicht die
neuen Materialien der Kleidung und eine Plastiktüte __5__ und
stellt fest: Diese Kunststoffe führen zu noch __6__ Problemen,
als es die Plastiktüte schon tut. Hinzu kommt, dass die
Produktion von Textilien erheblich zum Klimawandel __7__:
Nach Berechnungen verursacht die weltweite Modeindustrie bei
der __8__ der Kleidung so viel CO_2-Emissionen wie Frankreich,
Deutschland und Großbritannien __9__. Angesichts dieser Zahlen
versuchen einige große Unternehmen für mehr Nachhaltigkeit zu
sorgen. Sie __10__ ihre eigenen Nachhaltigkeitslabels.

1. A. wo   B. woher   C. wohin   D. in die
2. A. wachsen   B. werden   C. verfallen   D. verwandeln
3. A. daran   B. darauf   C. darin   D. darunter
4. A. währenddessen   B. während
   C. gleichzeitig   D. inzwischen

5. A. aneinander   B. aufeinander
   C. beieinander   D. miteinander
6. A. großen   B. größeren   C. größten   D. größesten
7. A. beiträgt   B. erträgt   C. verträgt   D. vorträgt
8. A. Vorstellung   B. Verstellung
   C. Umstellung   D. Herstellung
9. A. mitgenommen   B. unternommen
   C. zusammengenommen   D. zugenommen
10. A. erstellten   B. bauten
    C. gründeten   D. begründeten

Text B

Menschen neigen __11__, ihre persönliche Entwicklung für __12__
(beenden) zu halten. Viele nehmen an, sie seien am Ziel ihrer
persönlichen Entwicklung angekommen. Das Phänomen, das negative
Konsequenzen __13__ langfristige Entscheidungen hat, wird als
die Illusion vom Ende der Geschichte bezeichnet. Die Ergebnisse
__14__ (mehrere) Tests zu Persönlichkeit, Werten und Vorlieben lassen
sich auf einen gemeinsamen Nenner bringen: Im Schnitt nehmen
die Befragten an, __15__ sie sich in den kommenden zehn Jahren viel
weniger ändern __16__ als im vergangenen Jahrzehnt. Dies gilt nach
Aussage der Forscher für alle __17__ (befragen) Altersgruppen. Die
Teilnehmer der im Wissenschaftsmagazin __18__ (erscheinen)
Studie waren zwischen 18 und 68 Jahre alt. Das Forscherteam hatte
die Teilnehmer __19__ Online-Befragung eingeladen. Es hat dabei die
Zukunftsvorstellungen von heute 18-Jährigen mit den Veränderungen in
den vergangenen zehn Jahren von heute 28-Jährigen __20__ (vergleichen)
und Daten von rund 3800 Teilnehmern ausgewertet.

TEST 21

Text A

Um Wissen und wertvolle Erfahrungen __1__ zuständige Minister und andere Katastrophenschutz-__2__ weiterzugeben, fand in Bonn vom 16. bis 18. Oktober auf Einladung der deutschen Bundesregierung die 2. Internationale Frühwarnkonferenz statt – nach der ersten 1998 in Potsdam, __3__ allein von 1991 bis 2000 starben in Entwicklungs- und Schwellenländern etwa 650.000 Menschen bei Vulkanausbrüchen, Überschwemmungen oder Erdbeben; in den Industriestaaten __4__ es 16.000. Vor allem wegen des Klimawandels und des Bevölkerungsdrucks nehmen Katastrophen in Gefahrenzonen an Zahl und Ausmaß deutlich zu. Auch Deutschland ist __5__. Bei der Jahrhundert-Flut an der Elbe 2002 starben 21 Menschen, 300 Häuser wurden zerstört, 25.000 beschädigt. Mit der Frühwarnung __6__ es nicht immer, mancherorts schwoll das Wasser __7__ an und riss ganze Häuser mit sich. Und __8__ das Orkan-Tief „Anita" im Juli 2002 mehrere Menschen getötet hatte, wurde __9__ Deutschen Wetterdienst vorgeworfen, nicht korrekt __10__. Nach wie vor können sich die Meteorologen nur indirekt über die Medien an die Bevölkerung wenden.

1. A. an   B. bei   C. für   D. zu
2. A. Verantwortlich   B. Verantwortliche
   C. Verantwortlichen   D. Verantwortlicher
3. A. weil   B. nämlich   C. da   D. denn

4. A. war   B. hatten   C. waren   D. seien
5. A. betroffen   B. betraf   C. betrifft   D. betreffen
6. A. besiegte   B. siegte   C. gewann   D. klappte
7. A. überraschen   B. zu überraschen
    C. überraschend   D. überrascht
8. A. nachdem   B. bevor   C. während   D. wenn
9. A. der   B. dem   C. den   D. das
10. A. zu warnen   B. gewarnt zu sein
    C. gewarnt zu werden   D. gewarnt zu haben

Text B

Die großen Ketten Aldi Nord und Süd, Lidl und Edeka haben neue Technologien z. B. ___11___ Selbstbedienungskassen beobachtet und getestet. Aktuell ist jedoch nicht geplant, diese Technik ___12___ (einführen). Nur einige wenige Vorreiter wie Ikea bieten schon Self-Checkout-Systeme, durch ___13___ der Kunde die Waren selbst bezahlt. Dadurch kann die Wartezeit ___14___ (kurz-) werden – und der Kunde sieht sofort die ___15___ (einlesen) Preise. Manche der Systeme verlangen eine ___16___ (vorher-) Anmeldung mit persönlichen Daten. Bundesweit existieren etwa 2.200 dieser Kassen in rund 300 Geschäften. Im Vergleich zu Großbritannien ___17___ bereits über 40.000 solcher Kassieranlagen zur Verfügung. Auch in Frankreich, Italien und ___18___ Niederlanden werden solche Kassen deutlich besser angenommen. Hinzu kommt: Je nach Ladengröße zahlen zwischen 53 ___19___ 67 Prozent der deutschen Kunden ihre Lebensmitteleinkäufe in bar. Viele fürchten, dass Arbeitsplätze ___20___ (verlieren) gehen, wenn sie selbst die Kasse bedienen.

TEST 22

Text A

An einem sonnigen Spätnachmittag rastet Levi Strauß __1__ einer Wiese, als eine Gruppe Goldsucher auf ihn __2__ . Die Männer haben vor einiger Zeit einen segeltuchähnlichen Stoff von Levi gekauft, um ein Zelt __3__ zu fertigen. Doch das Material hält nicht, was __4__ versprochen wurde. Levi überlegt einen Augenblick, dann hat er den __5__ Gedanken: Er bietet den zornigen Leuten an, aus den Zeltresten Hosen für sie zu nähen. Hosen aus diesem Material, aus blau __6__ Baumwolle, sind für die Ewigkeit! Die Kunde von Levis Hosen verbreitet sich wie ein Lauffeuer __7__ den Goldgräbern. Er erobert mit ihnen bis 1860 fast __8__ Amerika. Zur gleichen Zeit sitzt ein Wanderer aus Litauen in einer ärmlichen Schneiderwerkstatt. Seit Jahren bezieht er von Levi Strauss & Co große Ballen Denim, die er zu Pferdedecken, Wagenplanen und vor allem zu Hosen verarbeitet. Und dabei kam ihm in den Sinn, die Hosentaschen mit Kupfernieten zu __9__ , damit sie nicht so schnell ausreißen und noch strapazierfähiger werden. Er setzt sich mit Levi Strauss in Verbindung, weil er allein nicht die 68 Dollar für die Patentierung __10__ kann – und der kluge Geschäftsmann erkennt sofort die geniale Idee. Gemeinsam melden sie das Patent an.

1. A. an   B. auf   C. bei   D. neben
2. A. ankommt   B. entgegenkommt
    C. vorbeikommt   D. zukommt

3. A. daraus   B. dabei   C. davon   D. dazu
4. A. sie   B. Ihnen   C. ihnen   D. denen
5. A. rettenden   B. rettende   C. geretteten   D. gerettete
6. A. färbendem   B. färbenden
     C. gefärbter   D. gefärbten
7. A. zwischen   B. unter   C. innerhalb   D. in
8. A. ganzes   B. ganzem   C. ganzen   D. ganz
9. A. verlängern   B. verstärken
     C. verkürzen   D. verschärfen
10. A. unterbringen   B. verbringen
     C. beibringen   D. aufbringen

Text B

Wenn wir an Grönland und die Arktis denken, fällt uns als Erstes das Stichwort Eis __11__. Und als Zweites sicher sein im Vergleich __12__ Erdgeschichte unglaublich schneller Rückzug. In den letzten 35 Jahren schrumpfte das sommerliche Meereis schließlich um rund 40%. Kann es also sein, dass dieser massive Eisrückgang nicht nur vor Ort zu Veränderung führt, __13__ auch großräumige Veränderungen der Luftbewegungen in der Atmosphäre mit sich bringt? Während der Rückgang des Eises durch Satellitenbilder noch leicht __14__ (belegen) ist, ist es bei der Atmosphäre schon viel __15__ (kompliziert-). Die Luft und auch die in ihr __16__ (enthalten) Treibhausgase sind schließlich unsichtbar. Nicht einmal die Masse der Luft nehmen wir wahr, und dennoch ist sie sehr beeindruckend – sie __17__ (betragen) doch 5 Billiarden Tonnen! __18__ jedem Quadratmeter Erde lasten also 10 Tonnen Luft. Klimaänderungen gibt es ebenfalls in beispielsweise 6, 12, 20 oder 50 Kilometern __19__ (hoch). Auch hier können sich Temperaturen und Luftströmungen __20__ unsere Aktivitäten verändern.

TEST 23

Text A

Groß wie ein Lastkraftwagen und acht Tonnen __1__, beobachtet ein Wissenschaftler seit 2 Jahren mit zuvor nie __2__ Präzision die Ozonschicht. Bei der Flutkatastrophe in Asien vor wenigen Monaten zeigt er den Helfern, __3__ Regionen überhaupt noch passierbar waren – dank der genauen Arbeit der Europäer, die den Satelliten kurzerhand über die Fluggebiete steuerten. Rund eine Milliarde Euro haben die 15 ESA-Mitgliedsstaaten bisher __4__ das Hightech-Zentrum investiert, __5__ Name spätestens seit einer sensationellen Mission in aller Welt bekannt ist. In Fachkreisen ist man schon lange auf das Können und Wissen der Darmstädter __6__: „Wir unterstützen auch ausländische Kunden, zum Beispiel aus China oder Indien", sagt Landeau-Constantin. __7__ der eigentlichen Satellitensteuerung gehört das alles zu den Aufgaben der 850 ESOC-Mitarbeiter. __8__ von ihnen ist ein hochspezialisierter Profi. „Satelliten sind sehr komplex – wie eine Chemiefabrik im All, die man komplett __9__ der Erde __9__ fernsteuern muss", beschreibt ESOC-Sprecher Bernhard von Weyhe ihre anspruchsvolle Aufgabe. Schief gehen darf da __10__. Denn „im All hat man meist nur eine Chance".

1. A. hart   B. hoch   C. schwer   D. schwierig
2. A. erreichter   B. erreichtem
    C. erreichten   D. erreichtes
3. A. welcher   B. welches   C. welchen   D. welche

4. A. an	B. in	C. über	D. um
5. A. der	B. den	C. dem	D. dessen
6. A. angewiesen		B. bewiesen	
C. nachgewiesen		D. verwiesen	
7. A. Außer	B. Neben	C. Ohne	D. Unter
8. A. Jede	B. Jedem	C. Jeden	D. Jeder
9. A. von, an	B. von, auf	C. von, aus	D. von, bis
10. A. keins	B. nicht	C. nichts	D. niemals

Text B

15 Jahre nach der Einheit __11__ im Osten Deutschlands eine neue Wirtschaftsstruktur entstanden. Jetzt werden die tief __12__ (greifen) Veränderungen als Chance begriffen und selbstbewusst Produkte und Lösungen für die Welt von morgen entwickelt. Aus der Distanz __13__ (betrachten), wirkt die deutsche Einheit manchmal wie ein Wunder. Wissenschaftler aus Südkorea und Kubaner aus Miami kommen __14__ Einladung des German Marschall Fund, __15__ (ein-) Stiftung, die die Beziehungen zwischen den USA und Europa fördert, nach Deutschland, __16__ die historisch einmalige Fusion zweier politisch, gesellschaftlich und ökonomisch äußerst __17__ (unterschiedlich-) Systeme zu erforschen. Sie wollen wissen, was man daraus lernen oder sogar noch __18__ (gut) machen kann. Deutschland ist Vorbild. Es gibt kein anderes. Nie zuvor musste ein Land eine solche Aufgabe schultern. Wer eine ähnliche Herausforderung noch vor __19__ hat, hegt Respekt __20__, wie Deutschland die ersten 15 Jahre des neuen Miteinanders hinter sich gebracht hat.

TEST 24

Text A

Mit ihrem neuen Bücherhaus setzt die Freie Universität Berlin
(FU) ein selbstbewusstes Zeichen. Als __1__ konnte sie Britanniens
bekanntesten Baumeister, Lord Norman Foster, gewinnen. Der
hat der Hauptstadt mit dem gläsernen Kuppelbau über dem
Reichstagsgebäude immerhin schon __2__ der markantesten
Wahrzeichen beschert. „The Berlin Brain" heißt die neue Bibliothek
der FU. Der Bau gleicht im Innern __3__ seinen geschwungenen
Galerien und Freitreppen __4__ eines Gehirns. __5__ das auch
das Denken an den 630 Leseplätzen leichter macht? In jedem
Fall sitzen die Berliner Philologen seit September 2005 in
einem __6__ Gebäude, __7__ bisher auf 11 Bibliotheken verteilte
700.000 Bücher auf Leser warten. Das von __8__ einem sphärischen
Iglu gleichende Gebäude entfaltet innen eine Atmosphäre für
konzentriertes Arbeiten. Umweltfreundlich ausgeklügelt ist
das Superhirn auch: Mit Hilfe von __9__ Klappen und einem
Heizsystem, das die Wärme abstrahlenden Flächen der Bauteile
nutzt, lässt sich das Klima in der Bibliothek fast das ganze Jahr
über natürlich __10__.

1. A. Architektes   B. Architekt
    C. Architektens   D. Architekten
2. A. einer   B. einem   C. eines   D. einen
3. A. mit   B. gegenüber   C. durch   D. bei
4. A. die Windungen   B. den Windungen

C. der Windungen
D. deren Windungen

5. A. Dass B. Falls C. Wenn D. Ob

6. A. faszinierten B. faszinierenden
   C. zu faszinierenden D. faszinierenen

7. A. wo B. woher C. wohin D. in das

8. A. außer B. äußer C. außerhalb D. außen

9. A. computersteuernden B. computersteuernde
   C. computergesteuerten D. computergesteuerte

10. A. beherrschen B. regeln
    C. überwachen D. verfügen

Text B

Als Grund __11__ das internationale Engagement wird oft der hohe Stand der Ausbildung in Deutschland genannt: An 372 Hochschulen, __12__ (verteilen) über das ganze Land, __13__ (werden) studiert und geforscht. Auch bei ausländischen Studierenden kommen deutsche Hochschulen gut an: Deutschland liegt – nach den USA und Großbritannien – auf Platz drei der __14__ (beliebt-) Studienländer. Eine Ursache ist sicher, dass sich die Universitäten und Fachhochschulen __15__ immer mehr Internationalisierung bemühen: Zum Beispiel __16__ die Einführung international vergleichbarer Studienabschlüsse wie Bachelor und Master oder durch englischsprachige Studiengänge, von __17__ der Deutsche Akademische Austauschdienst (DAAD) mittlerweile rund 300 besonders geeignete für ausländische Studienbewerber auflistet. Man __18__ nicht unbedingt Deutsch sprechen, um in Deutschland ein Studium __19__ (aufnehmen) – besser wäre es natürlich schon. Immerhin ist Deutsch die meistgesprochene Muttersprache der Europäischen Union. Was weiter kein Wunder ist, denn Deutschland ist das __20__ (bevölkerungsreich-) Land der Europäischen Union.

TEST 25

Text A

An Schulen und Kitas in Deutschland __1__ die Infektionszahlen rasant. Die aktuelle Situation für Eltern und Kinder ist stressig. Eltern und Kinder __2__ gerade mal wieder unter einem extrem hohen Druck. __3__ ist da die Angst, dass Schulen und Kitas wieder schließen könnten oder aber auch, dass man in eine Endlosschleife von Quarantänen gerät, __3__ aber eben auch das damit __4__ Chaos vor Ort. Schule ist ja nur dann stabilisierend, __5__ sie dazu beiträgt, dass Rhythmus, Bildungsinhalte und soziale Kontakte ermöglicht werden. Dieses ständige Hin und Her bedrückt: Etwa die Angst, __6__ sofort nach Hause __6__ müssen, wenn ich positiv getestet bin – sofort ist das ganze Leben für die nächsten Tage völlig __7__. Und die Eltern müssen das organisieren: Um 8.30 Uhr bei der Arbeit, dann kann der Anruf kommen, dass das Kind positiv ist und man muss am Arbeitsplatz alles __8__ lassen. Die Situation von ungeschützten Schulen, __9__ das Virus durchläuft und gleichzeitig keine klare Linie, was man tun kann, um sich zu schützen, das ist maximal __10__.

1. A. steigen   B. steigern   C. sinken   D. fallen
2. A. stellen   B. sitzen   C. stehen   D. setzen
3. A. Je, desto   B. Einerseits, andererseits
   C. Sowohl, als auch   D. Nicht nur, sondern auch
4. A. verbindete   B. verbindende
   C. zu verbindende   D. verbundene

5.	A. bevor	B. wenn	C. während	D. nachdem
6.	A. statt, zu	B. ohne, zu	C. /, zu	D. um, zu
7.	A. anders	B. andere	C. anderes	D. anderen
8.	A. setzen	B. stellen	C. legen	D. liegen
9.	A. woher	B. wohin	C. wo	D. in den
10.	A. belastet	B. belastend	C. entlastet	D. entlastend

Text B

Ein Schwimmbecken hoch oben über den Dächern: __11__ träumen Großstädter weltweit. In London könnte diese Zukunftsvorstellung schon bald Realität werden. Ein Unternehmen hat den __12__ (entwerfen) für ein Schwimmbecken vorgestellt, das zwei Hausdächer __13__ verbindet. Der Plan dürfte weltweit beeindrucken: Ein „Sky Pool", der __14__ eine Brücke in luftiger Höhe aussieht. Es sieht wie ein menschliches Aquarium aus, das über den Dächern Londons entstehen soll. __15__ Südufer der Themse, im Bezirk 9 Elms entstehen derzeit Luxusapartments mit dem __16__ (Name) „Embassy Gardens". Grund für die Namensgebung ist die direkte Nachbarschaft zur neuen US-amerikanischen Botschaft, die hier gebaut wird. Einmal __17__ (fertigstellen), können Anwohner von einer Dachterrasse zur__18__ (nah-) schwimmen. Und obwohl das 27 Meter lange Schwimmbecken auf beiden Dächern aufliegt, und „nur" in der Mitte wie eine Brücke in der Luft hängt, sieht es für Fußgänger von unten aus, als __19__ (werden) es schweben. Der Verkauf des Apartments beginnt im September. Leider bleibt da nicht einmal __20__ Sparen genug Zeit.

TEST 26

Text A

Ohne Ausländer hätte Deutschland über 8 Millionen Menschen __1__. Falls alle mit Migrationshintergrund das Land __2__ würden, müsste plötzlich auf 50 Milliarden Euro an Steuereinnahmen im Jahr __3__. Viele Branchen wie in der Gastronomie oder in der Automobilwirtschaft würden __4__, das Bruttoinlandsprodukt würde um bis zu 8% sinken. Arbeitsmigranten waren und sind unentbehrlich für Deutschland. So ist die Zuwanderung damals in wirtschaftlicher Hinsicht __5__ zu bewerten und kann einen erheblichen Gewinn für die deutsche Volkswirtschaft __6__. Ohne ausländische Beschäftigte wären ganze Wirtschaftsbereiche unvorstellbar. So sind fast 50% aller in Krankenhäusern __7__ Ausländer, also Ärzte, Pflegekräfte und Hilfspersonal. In Migranten-Unternehmen entstehen __8__ Arbeits- und Ausbildungsplätze. Menschen mit Migrationshintergrund gründen überdurchschnittlich häufig Unternehmen, nicht nur im Gastgewerbe oder im Handeln, __9__ in modernen Branchen. Die Studie zeigt, __10__ die Migrantenökonomie ein besonders dynamischer Teil der Wirtschaft im Südwesten ist.

1. A. größer   B. kleiner   C. mehr   D. weniger
2. A. zulassen   B. verlassen   C. überlassen   D. entlassen
3. A. verzichten werden   B. verzichten würden
   C. verzichtet werden   D. verzichtet worden
4. A. zusammenbrechen   B. verbrechen
   C. erbrechen   D. ausbrechen

5. A. sinnlos   B. nutzlos   C. negativ   D. positiv
6. A. abstellen B. darstellen C. erstellen D. verstellen
7. A. Beschäftigten   B. Beschäftiger
   C. Beschäftigenden D. Beschäftigender
8. A. immer mehre   B. immer wenigere
   C. immer mehr   D. immer weniger
9. A. als auch B. sondern C. noch   D. sondern auch
10. A. ob   B. was   C. dass   D. das

Text B

Junge Menschen, __11__ (bunt-) Rucksäcke tragend, wandern in Gruppen __12__ das Aachener Pontviertel. __13__ (anregen) unterhalten sie sich auf Arabisch, Englisch, Deutsch und haben doch eins gemeinsam: Sie studieren an der Rheinisch-Westfälischen Technischen Hochschule (RWTH). Rund __14__ den alten Universitätskern ist längst eine Stadt in der Stadt entstanden. Prachtvoll wirkende Altbauten wechseln sich __15__ funktionalen Nebenbauten ab. Heute sind hier rund 29.000 Studierende __16__ 85 Studiengänge eingeschrieben. 17% von ihnen kommen __17__ dem Ausland. Der Rektor ist stolz __18__, dass 40% in ingenieurwissenschaftliche und 24% in mathematischnaturwissenschaftlic he Fächer immatrikuliert sind. In Aachen studieren die meisten angehenden Elektrotechniker und Maschinenbauer in __19__ (ganz-) Deutschland – mit __20__ (groß-) Abstand vor anderen Technischen Universitäten wie München, Karlsruhe, Darmstadt und Berlin.

TEST 27

Text A

Etwa 80.000 brasilianische Schülerinnen und Schüler lernen Deutsch. Jeder __1__ wählt Deutsch sogar als erste Fremdsprache. Das sind __2__ der Erhebung „Deutsch als Fremdsprache weltweit 2020" des Auswärtigen Amts. Das Interesse __3__ der deutschen Sprache ist an den brasilianischen Schulen groß, doch es __4__ nur wenige neue Deutschlehrkräfte ausgebildet. Als Ursache werden mangelnde Ausbildungsmöglichkeiten im DaF-Bereich und __5__ ein schlechtes Ansehen des Berufs genannt. Viele __6__, wenige Lehrkräfte: Diese Trends stellen Bildungseinrichtungen im Land vor Herausforderungen. Wie kann der Bedarf an Deutschlehrkräften __7__ werden? Dieser Aufgabe haben sich in Süd- und Mittelamerika sechs Lehrerbildungsinstitute __8__. Sie bieten Lehramtsstudiengänge bzw. schulpädagogische Aus- und Weiterbildungen an, __9__ die Qualität des Unterrichts vor allem an Deutschen Auslandsschulen sowie Schulen sicherzustellen, die das Deutsche Sprachdiplom (DSD) anbieten. Die Institute in Südamerika werden von der Zentralstelle für das Auslandsschulwesen unterstützt oder auch personell und finanziell __10__.

1. A. Dritte   B. Drittel   C. dritte   D. drittel
2. A. Erlaubnisse   B. Ergebnisse
   C. Erlebnisse   D. Erkenntnisse
3. A. für   B. von   C. zu   D. an
4. A. bleiben   B. sind   C. werden   D. haben

5. A. jedoch   B. trotzdem   C. stattdessen   D. unter anderem
6. A. Deutschlernender   B. Deutschlernende
   C. Deutschlernenden   D. Deutschlernend
7. A. gedeckt   B. gefüllt   C. genügt   D. verwirklicht
8. A. unternommen   B. übernommen
   C. aufgenommen   D. angenommen
9. A. als   B. ohne   C. um   D. statt
10. A. befördert   B. aufgefordert   C. gefördert   D. gefordert

---

Text B

Wälder wandern mit einer Geschwindigkeit von etwa 100 Metern pro Jahr. Klingt __11__ (überraschen)? Ja, Wälder sind __12__ fähig, ihr angestammtes Gebiet zu verlagern. Besser gesagt: Sie waren es. Gehen wir in der Geschichte __13__ (Mitteleuropa) einmal 10.000 Jahre zurück. Die Gletscher der letzten Eiszeit weichen gegen Norden zurück. Von Süden kommend, setzen sich immer __14__ (häufig-) mildere Jahreszeiten durch. Der optimale Lebensraum für die Eiche verlagert sich langsam weiter nach Norden, __15__ es der Art im Süden Europas zu warm und zu trocken wird. Diese Klimaveränderung hat nach der Eiszeit also sowohl Lebensräume __16__ (schaffen), __17__ sich viele Baumarten wohl fühlen, als auch in anderen Regionen ihr Überleben viel __18__ (schwer-) gemacht. Seit der Eiszeit hat sich der optimale Lebensraum für viele Baumarten mit einer mittleren Geschwindigkeit von 100 Metern pro Jahr nach Norden verlagert. Das heißt, Bäume, __19__ am Ende der Eiszeit nur in Südeuropa heimisch waren, sind es heute auch rund 1.000 Kilometer weiter nördlich. Daran sieht man, __20__ sich Lebensräume über Jahrtausende deutlich verändern können.

TEST 28

Text A

Europa erlebte den bisher __1__ Sommer seit Beginn der meteorologischen Aufzeichnungen. Viele Urlauber genossen das Wetter an den Küsten, __2__ Kinder konnten wegen der Sommerhitze etwas genießen und die Eisdielen machten das Geschäft ihres Lebens. __3__ dichter man den Zentren der großen Städte und Ballungsräume kam, __3__ unerträglicher wurde die Hitze. Besonders Frankreich litt wochenlang __4__ Tagestemperaturen zwischen 30 und 35 Grad. Besonders nachts wird es bei solchen Temperaturen für die Menschen in den Metropolen unangenehm. Denn dann geben die Beton- und Steinmassen der Gebäude die am Tag __5__ Wärme wieder an ihre Umgebung ab – nicht nur nach __6__, sondern auch nach innen, __7__ es in den Wohnungen Nacht für Nacht wärmer wird. Die Außentemperaturen sanken teilweise nicht mehr unter 20 Grad und damit den Wert, von dem __8__ wir von einer Tropennacht sprechen. Im August 2003 __9__ die tiefsten Nachtwerte in Paris teilweise sogar bei über 25 Grad. In solchen Nächten betragen die Temperaturen in Schlafzimmern 25 bis 30 Grad, an gesunden Schlaf ist nicht mehr __10__. Besonders für ältere Menschen können solche Hitzewellen zur lebensgefährlichen Bedrohung werden.

1. A. heiß   B. heißer   C. heißten   D. heißesten
2. A. vor kurzem   B. vor allem
   C. seit langem   D. bei weitem

3. A. Kaum, da   B. So, so   C. Je, desto   D. Wenn, dann
4. A. unter   B. über   C. bei   D. an
5. A. zugenommene   B. übernommene
   C. aufgenommene   D. angenommene
6. A. außen   B. äußern   C. äußeren   D. außerhalb
7. A. bevor   B. nachdem   C. obwohl   D. so dass
8. A. nach   B. bis   C. an   D. ab
9. A. hingen   B. lagen   C. standen   D. steckten
10. A. denken   B. denkend   C. gedacht   D. zu denken

Text B

Gut ___11___ (kleiden), kantiges Gesicht und eine randlose
Brille. Nasir sieht aus ___12___ ein junger Banker. Er gehört zu
den Vorzeigeschülern einer Sprachschule ___13___ Flüchtlinge.
Der 23-Jährige lernt fast spielerisch Deutsch, jedes neue
Wort benutzt er im nächsten Satz. Manchmal schaltet er um
in ___14___ (fließen) Englisch. Es wäre kaum überraschend, wenn er
sich als Austauschstudent vorstellen würde. Aber Nasir hat nicht
einmal Abitur gemacht. Denn im Iran, ___15___ Nachbarland von
Afghanistan, lässt man ihn als ___16___ (Afghane) sowieso nicht zur
Universität zu. Nasirs Eltern ___17___ (fliehen) aus Afghanistan in
den Iran, als Nasir 9 Monate alt war. Er kann sich nicht an sein
Geburtsland erinnern. Doch im Zufluchtsland Iran fühlte er sich
so wenig willkommen, ___18___ er es niemals als seine Heimat
bezeichnen würde. Afghanistan ist seit dem Einmarsch der Russen
im Dezember 1979 total im dauerhaften Kriegszustand. ___19___ sich
die russischen Truppen 1989 zurückzogen, ___20___ (versinken) das
Land im Chaos.

TEST 29

Text A

Die Berufsschule ist in einem Altbau __1__. Alte Steinstufen führen durch schattige Treppenhäuser, in den Fluren fällt der Putz von den Wänden. Barrierefrei sieht diese Schule nicht aus. Und __2__ wird hier ein Schüler unterrichtet, der __3__ den Rollstuhl angewiesen ist. Im Vorstellungsgespräch schildert man ihm die Probleme, doch das hält den jungen Mann nicht __4__ ab, sich hier zu bewerben. __5__ seinen Schulstunden so einfach wie möglich __5__ gestalten, werden seine Kurse weitgehend im Erdgeschoss __6__. „Die Raumkapazitäten waren damals ausgeschöpft, und wir wussten nicht __7__ mit der Klasse. __8__ liegt eine Turnhalle mit Fahrstuhl genau gegenüber der Schule. Also fand mein Unterricht ein Dreivierteljahr in einem Besprechungsraum im ersten Stock der Halle statt", erzählt die Fachlehrerin Martina. Das ist __9__ nicht gerade luxuriös gewesen, __9__ für den Übergang hat es gereicht. Ihre Schulleitung habe sich bemüht, damit auch junge __10__ mit körperlichen Einschränkungen hier zur Schule gehen könnten.

1. A. angebracht   B. beigebracht
   C. mitgebracht   D. untergebracht
2. A. außerdem   B. trotzdem
   C. danach   D. vorher
3. A. für   B. durch   C. auf   D. an
4. A. davon   B. darum   C. dafür   D. dabei

5. A. Als, zu   B. Ohne, zu   C. Statt, zu   D. Um, zu
6. A. abgehalten   B. angehalten
   C. unterhalten   D. verhalten
7. A. wo   B. woher   C. wohin   D. woraus
8. A. Beispielsweise   B. Glücklicherweise
   C. Probeweise   D. Schrittweise
9. A. entweder, oder   B. weder, noch
   C. sowohl, als auch   D. zwar, doch
10. A. Erwachsen   B. Erwachsene
    C. Erwachsenen   D. Erwachsener

Text B

Eine große Halle in __11__ (hell-) Licht. Reihenweise stehen dort zwei Meter hohe Schränke mit Glastüren, __12__ Unmengen kleiner schwarzer Kästen hängen. Eine kaum überschaubare Zahl von Kabeln verbindet Rechner, die harte Rechenarbeit signalisieren. Daneben ragen mehrere __13__ (hoch-) Wände wie Regale empor, zwischen __14__ Roboter schwarze Kästen von der einen zur anderen Stelle transportieren. In Rechenzentren wie diesem wird das Klima der __15__ (kommen) Jahrzehnte berechnet. Diese gewaltigen Rechner, die zu den größten und schnellsten weltweit gehören, stehen in vielen großen Forschungseinrichtungen – auch in Hamburg, __16__ größten Hafenstadt Deutschlands. Hier arbeiten die Wissenschaftler des KlimaCampus, die zusammen mit deutschen Klimaforschern an anderen Einrichtungen zu den besten der Welt gehören. Und doch beginnt die Arbeit auch hier mit der tiefen Einsicht: Kein Klimamodell ist perfekt oder fertig __17__ (entwickeln), __18__ aber nicht bedeutet, dass sie uns keine wichtigen __19__ (Hinweis) liefern können, __20__ unsere Zukunft aussehen könnte.

TEST 30

Text A

Deutschland spielt in wichtigen Technologien weltweit ganz
___1___ mit. Dies gilt ___2___ klassische Felder wie Automobilbau,
Automatisierungstechnik, Chemie und die optischen Technologien.
So ist Deutschland in der Lasertechnik weltweit ___3___. Mit einem
Sechs-Milliarden-Programm investiert die Bundesregierung so
viel in Forschung und Entwicklung wie keine Regierung zuvor. Sie
investiert vor allem in Bereiche, die ein hohes Innovationspotenzial
___4___. Dazu zählen die bereits ___5___ optischen Technologien und
Nanotechnologie. ___6___ wichtig ist die Sicherheitsforschung.
Entscheidend ist letztlich, dass wir solche Bereiche gezielt fördern,
die ___7___ in der heutigen Welt wirklich nutzen. Die Unternehmen
haben längst erkannt, dass Forschung und Entwicklung der Schlüssel
für zukünftige Erfolge ist. Klar ist allerdings auch, ___8___ sich die
Bundesregierung auch Mühe geben muss. ___9___ ruft sie ihr Sechs-
Milliarden-Programm ins Leben. Natürlich müssen auch die Bundes-
länder mitziehen. Das Bundesministerium für Bildung und Forschung
entwickelt eine Hightech-Strategie, die ___10___ Öffentlichkeit bald
vorgestellt werden wird.

1. A. vor   B. von   C. vorn   D. vom
2. A. als   B. für   C. um   D. zwischen
3. A. führt   B. geführt   C. zu führend   D. führend
4. A. besitzen   B. besetzen   C. beherrschen   D. besiegen
5. A. erwähnende   B. erwähnte

C. erwähnten   D. zu erwähnenden
6. A. Bestenfalls   B. Ebenfalls
   C. Jedenfalls   D. Keinesfalls
7. A. den Menschen   B. dem Mensch
   C. des Menschen   D. der Mensch
8. A. /   B. ob   C. was   D. dass
9. A. Allerdings B. Deshalb   C. Trotzdem   D. Jedoch
10. A. die   B. deren   C. der   D. den

Text B

Wenn man ein Kind mit Behinderung betreuen lassen möchte,
müssen Eltern oft lange suchen, um eine __11__ (passen) Kita
zu finden. Zwar sind alle staatlichen Einrichtungen verpflichtet,
Inklusionskinder __12__ betreuen, doch oft hätten Erzieher
keine Lust auf diese Extraaufgabe. „Ich würde als Mutter
genau gucken, __13__ der Kindergarten wirklich will. Wenn
das Kind nicht angemessen betreut wird, dann sind die Eltern
vielleicht sehr unzufrieden __14__ der Situation", sagt Annika.
Mehrere Eltern und eine Kollegin führen Bewerbungsgespräche
mit __15__ (interessieren) Eltern, die Kinder hospitieren
mindestens ein, zwei __16__ (Vormittag) lang. Das heißt, sie
kommen mehrere Stunden zu Besuch, __17__ auch sichergestellt
wird, __18__ sie sich in der Gruppe wohlfühlen und die bereits
betreuten Kinder mit ihnen klarkommen. „Wir können niemanden
aufnehmen ohne die __19__ (zustimmen) des gesamten Teams
und der Eltern. Alle müssen die Entscheidung mittragen. Bisher
hat das immer geklappt, und wir mussten __20__ (niemand)
absagen, der gern zu uns wollte."

TEST 31

Text A

Man ist immer wieder __1__, was Forscher aus Deutschland leisten. Man __2__ z. B. an den zahlreichen wissenschaftlichen Veröffentlichungen, dass viele Wissenschaftler aus Deutschland weltweit natürlich auch eine hervorragende Position haben, __3__ mit anderen europäischen Staaten. Die Geistes- und Kulturwissenschaften spielen im __4__ eine sehr wichtige Rolle. Sie bieten die Möglichkeit, __5__ naturwissenschaftliche Forschung an die Gesellschaft anzubinden. Forschung beeinflusst immer unsere Kultur. __6__ das funktioniert, ist eine absolut spannende Frage. Die Gefahr, dass die Geistes- und Kulturwissenschaften in Schwierigkeiten __7__, sieht man überhaupt nicht. Eher schon die Gefahr, dass diese Wissenschaften sich selbst klein reden, dafür gibt es jedoch keinen Grund. Man wird jedenfalls die Förderung der Geistes- und Kulturwissenschaften weiter __8__. Forscher, die an den Natur- und an den Geisteswissenschaften __9__ sind, gibt es immer. Der Bedarf an Spezialisten wird immer größer und wir brauchen auch in Zukunft Wissenschaftler, die über ihren eigenen Tellerrand hinausschauen und sich den Blick für __10__ bewahren können.

1. A. bedrückt   B. bedrückend
    C. beeindruckt   D. beeindruckend
2. A. erkennt   B. erfährt   C. informiert   D. weiß
3. A. vergleicht B. verglich   C. verglichen   D. vergleichen
4. A. Vorhang   B. Zusammenhang

C. Anhang   D. Abhang
5. A. statt   B. /   C. ohne   D. um
6. A. Wann   B. Was   C. Wer   D. Wie
7. A. geraten   B. treten   C. sinken   D. fallen
8. A. umbauen   B. aufbauen   C. ausbauen   D. abbauen
9. A. interessant   B. interessiert
   C. interessierend   D. zu interessieren
10. A. was Ganzes   B. etwas Ganzes
    C. das Ganzen   D. das Ganze

Text B

Frankfurt __11__ (empfangen) Indien. Indien ist Ehrengast
der __12__ (diesjährig-) Buchmesse. Das Gastland wird sich
bei der weltgrößten Bücherausstellung mit 200 Verlagen und
mehr __13__ 30 Schriftstellern auf einer Fläche von 4.000
Quadratmetern präsentieren. __14__ dem Motto „Today's India"
will sich das Land in seiner ganzen Vielfalt darstellen und vor
allem bislang unbekannte Schriftsteller vorstellen, __15__ in
einer der 24 Regionalsprachen des Landes schreiben. Indien
ist mit 600 Millionen potenziellen Lesern __16__ der größten
Buchmärkte. Fast 80.000 Bücher kommen jährlich in Englisch und
den Regionalsprachen – die größte davon ist Hindi – __17__ den
Markt. Begleitet wird die Präsentation von Ausstellungen zu
indischer Kunst in Frankfurter __18__ (Museum). Außerdem
haben zahlreiche deutsche Verlage __19__ (verstärken) indische
Autoren ins Programm genommen. Nach 1986 ist Indien zum
zweiten Mal Gast der Frankfurter Buchmesse, der größten
und __20__ (international) bedeutendsten Buchmesse.

TEST 32

Text A

Schülerinnen und Schüler experimentieren im September an deutschen Schulen mit einem Gemisch aus Wasser und Öl und __1__, wie sich beide Flüssigkeiten zunächst vermischen und dann wieder trennen. __2__ sollen sie die Frage beantworten, wie sich die Emulsion（乳浊液）in der Schwerelosigkeit __3__. Die richtige Antwort kommt anschließend aus dem Weltraum, __4__ der deutsche Astronaut Thomas Reiter auf der Internationalen Raumstation ISS das Experiment nachstellt und das Ergebnis erklärt. Möglich __5__ dieses Projekt das Deutsche Zentrum für Luft- und Raumfahrt in Köln, __6__ von insgesamt 15 großen Forschungszentren, die sich 2001 zur Helmholtz-Gemeinschaft __7__ haben. 10.000 Wissenschaftler arbeiten in den sechs Forschungsbereichen wie Energie, Erde und Umwelt, Gesundheit usw. __8__ Lösungen für die Welt von morgen. Tausend von Gastwissenschaftlern aus der ganzen Welt kommen jährlich in die Helmholtz-Zentren, __9__ an teilweise weltweit einzigartigen Großgeräten __9__ arbeiten. Das Ergebnis sind 7.000 Publikationen im Jahr und 500 __10__ Patente jährlich.

1. A. beobachten   B. betrachten
    C. erwarten   D. hoffen
2. A. Dabei   B. Dahinter   C. Danach   D. Darunter
3. A. behält   B. enthält   C. unterhält   D. verhält
4. A. in den   B. wo   C. woher   D. wohin
5. A. macht   B. findet   C. hält   D. meint

6. A. einer   B. eine   C. eines   D. einen
7. A. beschlossen   B. zusammengeschlossen
   C. angeschlossen   D. abgeschlossen
8. A. für   B. bei   C. auf   D. an
9. A. als, zu   B. ohne, zu   C. um, zu   D. statt, zu
10. A. neuer   B. neue   C. neuen   D. neues

Text B

Meine Eltern lernten __11__ in Venezuela kennen. Die ersten vier Jahre meines Lebens verbrachten wir dort, dann wurde mein Vater beruflich __12__ Bolivien versetzt. __13__ 6 Jahren kam ich dort auf eine deutsche Grundschule. Das war wohl ungefähr der Zeitpunkt, als meine Eltern anfingen, __14__ nachzudenken, ob die Perspektiven in Europa für mich viel __15__ (gut) waren. Die höhere Ausbildung in Bolivien war __16__ (begrenzen) und die politische Sicherheit nicht garantiert. Schließlich bekam mein Vater nach einem halben Jahr ein Angebot in Europa. Ich war fast zehn Jahre alt, als wir in die Schweiz kamen und hatte zu dieser Zeit bereits dreimal das Land gewechselt. Damals __17__ (empfinden) ich Bolivien als Heimat. Ich hatte Schulfreunde dort, ein ganzes Kinderleben. An dem Tag, als wir das Land verließen, begann ich __18__ (weinen) und es gelang __19__ (mein-) Eltern nicht, mich zu beruhigen. Der Abschied war so schmerzhaft, __20__ ich ihn über viele Jahre nicht vergessen konnte. Sobald ich lateinamerikanische Musik hörte, konnte ich die Tränen nicht zurückhalten.

TEST 33

Text A

Die Antarktis ist nicht nur der Kontinent, __1__ man als Letzten erreicht, sondern sie ist auch die Region, __2__ die Forschungsarbeit mit extremen Bedingungen zu kämpfen hat. Die sich auf dem Eisschild befindenden Forschungseinrichtungen wandern mit dem __3__ Eis langsam in Richtung Meer und versinken zugleich in hohem Neuschnee. Windmesser vereisen und müssen besonders in der endlosen Nacht des Winters immer wieder __4__ Eiskrusten（冰壳）befreit werden. Lebensmittel, Medikamente und Ersatzteile __5__ mit dem Schiff durch stürmische Ozeanregionen an die Küsten transportiert oder mit Flugzeugen ins __6__ geflogen werden. An die Errichtung oder den Betrieb eines dichten Messnetzes ist hier __7__. Doch Informationen aus dieser Region sind sehr wichtig für das Verständnis des Klimas und seiner Entwicklung auf dem ganzen __8__. Der Untergrund der Region besteht aus einem Festlandsockel（大陆架）und zahlreichen Inseln. Diese gesamte Eisfläche da, vollständig __9__ vom Meer, hat eine sehr stabile Zirkulation. Tiefdruckgebiete ziehen immer mit den starken Höhenwinden. Im Sommer rücken diese Tiefdruckgebiete südwärts dichter an das Festland heran, __10__ sie sich im Winter in Richtung Norden bewegen.

1. A. der   B. den   C. dem   D. dessen
2. A. wo   B. woher   C. wohin   D. in die
3. A. bewegten   B. bewegenden

C. sich bewegten   D. sich bewegenden
4. A. aus   B. mit   C. von   D. zu
5. A. können   B. möchten   C. müssen   D. wollen
6. A. Landesinnere   B. Landesinneren
   C. Landesinneres   D. Landesinnerer
7. A. dankbar   B. lösbar   C. vorstellbar D. undenkbar
8. A. Planetens B. Planeten   C. Planets   D. Planet
9. A. umgibt   B. umgab   C. umgegeben   D. umgeben
10. A. da   B. weil   C. während   D. so dass

Text B

Wenn international die Rede __11__ deutscher Kost ist, fällt __12__ (viel-) wohl als Erstes Schweinebraten oder Eisbein ein; vielleicht kommt noch das Sauerkraut __13__. Abgesehen davon, __14__ diese Gerichte zwar existieren, __15__ sicher nicht täglich auf dem Tisch stehen: Wenn es eine wirkliche nationale Spezialität Deutschlands gibt, __16__ (dürfen) das die Wurst sein. Es gibt von ihr 1500 Sorten, gekochte und __17__ (braten) und jene, die kalt als Brotauflage gegessen werden. Fast 50% des Fleischkonsums wird in Deutschland in Form von Wurst verzehrt. Die __18__ (berühmt-) ist die Currywurst. Die Hauptstadt Berlin reklamiert für sich, sie __19__ (erfinden) zu haben, aber auch das Ruhrgebiet und Hamburg erheben Ansprüche. An jedem Imbissstand ist sie heute __20__ (bekommen). Und von den kalt verzehrten Würsten gibt es unübersehbare Vielfalt von Formen, Farben und Geschmäckern. Viele von ihnen werden auch heute noch in kleinen Metzgerbetrieben in Handarbeit hergestellt.

TEST 34

Text A

Die Geschichte __1__ von dem schweigsamen Sonderling Grenouille, der 1738 im Unrat des __2__ Fischmarkts zur Welt __3__, einen übersinnlich feinen Geruchssinn besitzt und schließlich zwei Dutzend junge Frauen ermordet, __4__ aus ihnen die Duftessenz __4__ gewinnen. Ein literarischer Thriller, ein düsteres Märchen, ein Roman mit Anziehungskraft, der in Deutschland nach seiner Veröffentlichung 1985 neun Jahre auf der Bestsellerliste stand, in 42 Sprachen __5__ ist und weltweit 15 Millionen Mal verkauft wurde. Ein Buch, das aber auch als nicht verfilmbar galt. Zum einen lautete so das Urteil des großen Stanley Kubrick, __6__. Die feinsinnige Beschreibung der Düfte, von __7__ der Roman lebt – wie soll man die ins Bild setzen? __8__ wollte Autor Süskind, dessen merkwürdiges Image schon selbst als Filmstoff diente, die Rechte überhaupt nicht verkaufen. Er lehnte auch die Hollywoodgröße Spielberg ab. Schließlich ist Süskind von einem deutschen __9__ überzeugt worden. Vielleicht könnte dabei die Summe von 10 Millionen Euro, von denen die Rede ist, eine Rolle __10__.

1. A. handelt   B. behandelt   C. misshandelt   D. verhandelt
2. A. Paris   B. Parise   C. Pariser   D. Parisen
3. A. bringt   B. nimmt   C. setzt   D. kommt
4. A. ohne, zu   B. um, zu   C. statt, zu   D. als, zu
5. A. zu lesend   B. zu lesen   C. gelesen   D. lesend

6. A. ein amerikanischer Regisseur
   B. einen amerikanischen Regisseur
   C. einem amerikanischen Regisseur
   D. eines amerikanischen Regisseurs
7. A. die   B. den   C. denen   D. deren
8. A. Zum anderen   B. Zum zweiten
   C. Zum folgenden   D. Zum Schluss
9. A. Produzentens   B. Produzenten
   C. Produzente   D. Produzent
10. A. spielt   B. spielen
    C. gespielt haben   D. gespielt werden

Text B

Ob Europäer, Amerikaner __11__ Japaner – alle wollen __12__ (der-) der Erde am ähnlichsten Planeten im Sonnensystem sein Rätsel lösen. Bei früheren Expeditionen suchte man nach lebendigen Organismen und scheiterte. Heute gehen die Wissenschaftler __13__ aus, dass es viel __14__ (einfach-) ist, Überbleibsel（残余部分） __15__ (früher-) Lebens zu finden. Eine Voraussetzung – Wasser – hat es zwar gegeben, wenn auch nicht im dafür richtigen Zustand. Seit kurzem ist sicher, dass es Eis in den oberen ein bis zwei Metern des Marsbodens gibt. Doch Leben braucht __16__ (flüssig-) Wasser. Geologische Beweise deuten darauf hin, __17__ es früher Flüsse und vielleicht sogar einen Ozean auf dem Roten Planeten gegeben hat. Sollten sich damals Mikroorganismen gebildet haben, wurde deren Entwicklung plötzlich beendet, als das Wasser aber von der Marsoberfläche __18__ (verschwinden) und sich in den Boden zurückzog, möglicherweise mit den Mikroorganismen, __19__ in großer Tiefe überlebten. Biologische Prozesse aber hinterlassen chemische Spuren – und genau danach soll jetzt __20__ (suchen) werden.

TEST 35

Text A

__1__ man in Norddeutschland auf dem Lande Niederdeutsch und Hochdeutsch mit Eigenheiten in der Aussprache (man sagt dort S-tau __2__ Schtau) spricht, sind Bairisch und Schwäbisch-Alemannisch im Süden noch heute sehr lebendig, und __3__ spricht man Mitteldeutsch von Dresden (Sächsisch) über Frankfurt (Hessisch) bis Trier (Moselfränkisch). Fast __4__ wird aber auch Hochdeutsch gesprochen, auch in der Stadt Wien (Österreich), die zum bairischen Dialektgebiet gehört. In der Schweiz ist das Hochdeutsche __5__ Schriftsprache und wird an den Schulen gelehrt, doch viele Deutschschweizer können es nicht sprechen, __6__ der Schweizer Regierung Sorgen macht. Doch nicht nur in den deutschsprachigen Ländern spricht man Deutsch, sondern auch in einigen benachbarten Regionen, __7__ das Deutsche Minderheitensprache ist, etwa in Ostbelgien, in Südtirol, in Nordschleswig, im Elsass und in Lothringen.

__8__ spielt das Deutsche als Fremdsprache in vielen Ländern eine wichtige Rolle, vor allem in Mittel- und Osteuropa, aber auch in Finnland, in den Niederlanden usw. Fast 20 Millionen Schüler und __9__ lernen weltweit Deutsch, und __10__ 50 Millionen Menschen haben gute Kenntnisse des Deutschen als Fremdsprache.

1. A. Gleichzeitig   B. Inzwischen
    C. Währenddessen   D. Während
2. A. aufgrund   B. statt   C. stattdessen   D. wegen
3. A. dazwischen   B. darin   C. drinnen   D. darunter

4. A. anderswo B. hin und her C. überall D. überallhin
5. A. kein B. nicht C. trotzdem D. zwar
6. A. darum B. das C. worum D. was
7. A. woher B. wo C. wohin D. in den
8. A. Außerdem B. Endlich
   C. Immerhin D. Trotzdem
9. A. Studierend B. Studierenden
   C. Studierende D. Studierender
10. A. bestens B. mindestens C. meistens D. höchstens

Text B

Die Multimedia-Messe CeBIT in Hannover zeigte im März, was neulich auf den Markt __11__ (werfen) wurde. „Get the spirit of tomorrow" war der Slogan der __12__ (diesjährig-) CeBIT, __13__ größten Show für Informationstechnik, Telekommunikation und Software weltweit. Und die Besucher bekamen einen __14__ (ganz-) konkreten Eindruck von morgen. 6270 Aussteller aus 69 Ländern zeigten Lösungen für die digitale Lebens- und Arbeitswelt der Zukunft. __15__ bestätigte die CeBIT ihren Status als Leitmesse einer Branche, __16__ weltweiter Umsatz in diesem Jahr auf zwei Billionen Euro geschätzt wird. Die CeBIT stand aber auch für spürbare Veränderungen: Viele Geräte gehören nicht ins Büro, __17__ in den privaten Haushalt. Die Digitalisierung der Wohnzimmer mit Fernsehen sowie die __18__ (vernetzen) der Unterhaltungs- und Haushaltsgeräte sind jetzt reif __19__ den Massenmarkt. Zu diesen Themen leisteten deutsche Hersteller und Institutionen interessante __20__ (Beitrag). Denn die Entwicklung von Lösungen für die Digitale Medientechnik hat in Deutschland eine beachtliche Tradition.

TEST 36

Text A

Digitale Kompetenz ist heute eine notwendige Bedingung für Teilnahme __1__ politischen, ökonomischen und gesellschaftlichen Leben. IT-Kenntnisse sind fast überall von __2__ Bedeutung, Trends verbreiten sich __3__ über das Netz. Daher sollte Schule Kinder auf ihre __4__ Umwelt vorbereiten, __5__ sie nicht nur zu Nutzern, sondern auch zu Teilhabern werden. Das bedeutet weniger die Anwendung von technischen Geräten – dabei ist die junge Generation der älteren meistens __6__. Was Schüler lernen müssen, ist der richtige __7__ mit digitalen Medien: die Informationsmenge aus dem Internet zu filtern und souverän mit den eigenen Daten zu agieren. Diese Fähigkeiten __8__ muss essenzieller Teil des schulischen Bildungsauftrags werden. Digitale Themen __9__ der Schutz der Privatheit, Chancen und Risiken von Big Data sollten regelmäßiger Teil des Schulalltags sein. __10__ nur derjenige, der es gelernt hat, kann datensouverän agieren und digitalkompetent leben.

1. A. am   B. beim   C. vom   D. zum
2. A. groß   B. große   C. großen   D. großer
3. A. zunimmt   B. zunehmend
   C. zuzunehmend   D. zugenommen
4. A. digitalisierene   B. digitalisierende
   C. digitalisierte   D. zu digitalisierende
5. A. bevor   B. wenn   C. damit   D. indem

6. A. überlegen   B. unterlegen
   C. gewachsen   D. gewohnt
7. A. Übergang   B. Umgang
   C. Vorgang   D. Zugang
8. A. zu empfehlen   B. mitzuteilen
   C. vorzustellen   D. zu vermitteln
9. A. ähnlich   B. als   C. Beispiel   D. wie
10. A. Nämlich   B. Da   C. Denn   D. Weil

Text B

Ich wollte nicht __11__ Deutschland kommen. Heimat hängt für
mich sehr eng mit Traditionen zusammen. Ich empfand unsere
Sinti-Siedlung aus fünf __12__ (umbauen) Bussen, drei Kilometer
__13__ einem kroatischen Hafenstädtchen entfernt, als Heimat.
Sie waren auf einer großen Wiese am Waldrand im Kreis
aufgestellt. Nur meine Familie lebte dort. Meine Eltern verdienten
Geld __14__ Messerschleifer oder reparierten Regenschirme,
später kaufte mein Onkel ein Karussell und einen Tischkicker,
dadurch hatten wir so einen Vergnügungspark, __15__ die Kinder
aus unserem Ort kamen. Freiheit ist für uns das __16__ (wichtig-).
Die Busse wurden nie bewegt, aber trotzdem gaben sie uns
das Gefühl, dass wir nicht __17__ (binden) waren. Wir führten
immer ein Leben wie alle __18__ (ander-) Kroaten. Ich unterhielt
mich mit meinen Freunden selbstverständlich __19__ Kroatisch.
Unser Lebensstandard hat sich heute enorm verbessert. Es gibt
in Deutschland viele Chancen, Geld zu verdienen. Doch der
Konsum brachte einen riesigen Verlust mit __20__: Wir hielten fest
zusammen, solange wir arm waren, jetzt lebt jeder für sich allein.

TEST 37

Text A

Ich wurde in Kalifornien geboren. Mein Vater war Amerikaner __1__ Herkunft, geboren in Arizona. Die Gemeinde, __2__ er aufwuchs, war durch und durch mexikanisch und sehr konservativ. Seine Familie war eine der __3__ in der ganzen Stadt. Die amerikanischen Bewohner dieser kleinen Bergwerksstadt waren __4__ Vorurteile gegenüber den Mexikanern. Mein Vater war dadurch tief __5__ und hatte eine Wut in sich. Er hatte zwar die amerikanische Staatsbürgerschaft, __6__ sich aber nicht mit der Mehrheitskultur identifizieren, weil diese ihn ablehnte. Trotzdem sah er sich als Mexikaner und als „__7__ Mann": „Du musst leiden und Schmerzen klaglos ertragen können! Du musst für deine Familie sorgen und dich männlich zeigen!" Mein Vater war __8__ Geologe und suchte nach Bodenschätzen wie Ölquellen oder Gold, außerdem war er einige Jahre lang im kolumbianischen Urwald. Er war begeistert von Kolumbien, weil er dort als Mexikaner überhaupt nicht __9__. Ich glaube, deshalb verliebte er sich in meine Mutter. Ihre Familie war auch sehr arm. Von Rassismus war sie nicht __10__, deshalb war sie glücklich.

1. A. mexikanische   B. mexikanischen
   C. mexikanisches   D. mexikanischer
2. A. wo   B. woher   C. wohin   D. in die
3. A. ärmen   B. ärmeren   C. ärmsten   D. ärmesten
4. A. volle   B. voller   C. vollen   D. volles

5. A. verletzen   B. verletzend
    C. zu verletzend   D. verletzt
6. A. konnte   B. mochte   C. sollte   D. wollte
7. A. echter   B. echtem   C. echten   D. echtes
8. A. ein   B. /   C. einen   D. einer
9. A. verfiel   B. einfiel   C. befiel   D. auffiel
10. A. zugetroffen   B. eingetroffen
     C. betroffen   D. getroffen

Text B

Lernen ist leichter gesagt als __11__ (tun). Theoretisch weiß jeder, wie wichtig es ist, und doch fällt es praktisch __12__ (viel-) schwer. Die Fernsehprogramme oder ein Abend mit Freunden sind oft attraktiver als __13__ (monoton-) Stillsitzen am Schreibtisch. Wenn der Spaß __14__ der Sache fehlt, werden die Augen schnell müde und die Konzentration lässt nach. Hingegen lernen kleine Kinder gerne und freiwillig, bei __15__ die natürliche Verbindung von Spielen und Lernen noch intakt ist. Kinder lernen spielerisch. Sie balancieren über das Mäuerchen im Vorgarten und schulen dabei ihr Gleichgewicht. Sie spielen Alltagssituationen __16__ Einkaufen nach und üben so menschliche Interaktion. Sie spielen mit Bauklötzen aus, wann ein Turm einstürzt, und fördern so ihr räumliches Denken. Jeder __17__ (werden) mit dieser Neugier und Lernlust geboren, verstehen zu wollen, __18__ Dinge funktionieren, __19__ dass ein Lehrer das vorschreiben müsste. Doch je institutionalisierter Bildung mit __20__ (zunehmen) Alter wird, desto mehr löst sich die natürliche Einheit von Spielen und Lernen auf. Lernen nach Stundenplan entfremdet sich vom Spielen in der Freizeit.

TEST 38

Text A

Bei Gewürzen handelt es sich __1__ um getrocknete – sehr selten um frische – aromatische Pflanzenteile. Ihre kulinarische und medizinische Verwendung ist vielfältig, darüber hinaus umfassen sie auch __2__. Wer verbindet __3__ dem Wort „Gewürzinseln" nicht sofort aufregende Abenteuer und Entdeckungsfahrten? Für Gewürze wurden Kriege geführt. Entdecker suchten Wege in jene __4__ Länder, __5__ die Gewürze stammten, und Namen wie Ägypten, China, Arabien, Persien, Indien und Griechenland regen noch heute unsere Phantasie an. Manche Gewürze waren wertvoller als kostbare Metalle und Edelsteine. In jeder guten Küche spielen Gewürze eine große Rolle. Außerdem verwendet man sie zur __6__ von Räucherwerken, Ölen, Kosmetikartikeln und Aromastoffen. Doch was ist eigentlich ein Gewürz? Oft sind die Meinungen darüber __7__, welche Pflanzen zu den Gewürzen zählen. Ist z.B. der Knoblauch ein Gewürz? Zweifellos durftet er aromatisch und schmeckt würzig, aber er wächst nicht in den Tropen, aus __8__ die meisten Gewürze kommen. Mit der Bezeichnung „Gewürz" meint man __9__ getrocknete Samen spezieller aromatischer Pflanzen. Gilt das auch __10__ Paprikaschoten?

1. A. grob geschätzt B. streng genommen
   C. grob schätzend D. streng nehmend
2. A. etwas Geheimnisvolle B. was geheimnisvolles
   C. etwas geheimnisvolle D. was Geheimnisvolles

3. A. zu   B. von   C. mit   D. aus
4. A. exotischen   B. exotischer
   C. exotische   D. exotisches
5. A. aus den   B. wo   C. wohin   D. woher
6. A. Herstellung   B. Bestellung
   C. Erstellung   D. Umstellung
7. A. zu teilen   B. zu teilend   C. geteilt   D. teilend
8. A. den   B. denen   C. der   D. deren
9. A. beispielsweise   B. normalerweise
   C. glücklicherweise   D. probeweise
10. A. ab   B. als   C. bis   D. für

Text B

Es ___11___ (sein) 4 bis 5 Millionen Krebskranke in Deutschland –
Tendenz ___12___ (steigen), führt doch die wachsende Lebenserwartung
in den Industrieländern ___13___, dass immer mehr Menschen an
Krebs erkranken. So arbeitet die Krebsforschung an ___14___ (neu-)
Heilmitteln, doch es dauert 12 Jahre, ___15___ ein neues Medikament
auf den Markt kommt. Im Normalfall testen die Wissenschaftler
Wirkstoffe in langwierigen Verfahren im Reagenzglas（试管）.
Ganz anders läuft es bei der „4SC AG（德国抗癌特效药研发公司）".
Die Forscher des Biotechnologie-Unternehmens entwickeln neue
Wirkstoffe ___16___ Krebs. Dabei werden die Wirkstoffkandidaten in
der Anfangsphase viel ___17___ (schnell-) am Computer getestet – als
patentiertes Verfahren, ___18___ vom Finden neuer Wirkstoffe bis zur
klinischen Erprobung reicht. Aktuell arbeiten die 59 Mitarbeiter
des Unternehmens ___19___ 5 Projekten, von denen eins die klinische
Phase I bereits abgeschlossen hat. Auch andere Pharmaunternehmen
nutzen schon die neue Technologie und die „4SC AG" verschafft
damit auch erste ___20___ (Umsatz).

TEST 39

Text A

Die __1__ Insel von der BRD ist Rügen in der Ostsee. Mit ihrer vielfältigen Landschaft __2__ sie jedes Jahr viele Reisende __2__. Rügen liegt in der Ostsee im Bundesland Mecklenburg-Vorpommern. Zwischen dem Festland und der Insel Rügen befindet sich die Meeresstraße Stralsund. __3__ diese nur 2 Kilometer breit ist, ist die Insel über die Rügenbrücke zu erreichen. Die Seebäder auf Rügen sind von der Bäderarchitektur geprägt. Dies ist ein Architekturstil, __4__ an der deutschen Ostseeküste zwischen Ende des 18. Jahrhunderts __5__ Anfang des 20. Jahrhunderts seine Blütezeit hatte. Naturfreunde sind von der vielseitigen Landschaft Rügens __6__. Die Küstenabschnitte __7__ gehören teilweise zum Nationalpark Vorpommersche Bodenlandschaft, sie werden als Westrügener Bodden bezeichnet. An den Stränden Rügens kann man __8__ herrlichen Badeurlaub machen. Im Nordosten Rügens liegt die Halbinsel Jasmund. Hier befindet sich mit dem Nationalpark Jasmund auch ein UNESCO-Welterbe. Er ist der kleinste Nationalpark __9__ und Heimat einer bunten Pflanzen- und Tierwelt. Die Kreidefelsen sind eine __10__ Attraktion und locken Besucher seit Jahrzehnten an.

1. A. große   B. größere   C. größte   D. größeste
2. A. zieht, ab   B. zieht, an   C. zieht, aus   D. zieht, um
3. A. Da   B. Denn   C. Daher   D. Darum
4. A. an das   B. an den   C. das   D. der

5. A. aber   B. oder   C. sondern   D. und
6. A. begeisternd   B. begeistert
   C. zu begeistern   D. begeistern
7. A. west   B. westlich   C. Westens   D. im Westen
8. A. indem   B. trotzdem   C. außerdem   D. nebenan
9. A. Deutschland   B. Deutschlands
   C. Deutscher   D. Deutsches
10. A. besonder   B. insbesondere
   C. besondere   D. besonders

Text B

Auch Kerzen können High-Tech sein: Zum Beispiel, wenn sie aus __11__ (nachwachsen) Pflanzenrohstoffen bestehen. __12__ Kerzen machen sich nur wenige Menschen Gedanken. Sie werden angezündet und verschwinden dann langsam, __13__ an Advent, bei Grillfesten oder beim Dinner zu __14__ (zwei). Ist ein fast perfektes Ding wie eine Kerze noch __15__ (verbessern)? „Ach ja", findet der Kerzenhersteller Eika aus Fulda. So stellt die Firma immer __16__ (viel-) Kerzen aus Stearin（硬脂）her – das ist ein Rohstoff, __17__ hauptsächlich aus Palmöl gewonnen wird. Während die meisten Kerzen immer noch aus Paraffin（石蜡）hergestellt sind, schont die __18__ (verwenden) von Stearin die Ressourcen, außerdem werden die Kerzen fester und sind von guter Qualität. Um die besten Brenner aus Stearin __19__ (herstellen), arbeitet Eika in seinem Labor daran, den Docht（灯芯，烛心）sowie Farb- und Duftstoffe auf das neue Material abzustimmen. Eine andere Innovation sind die hochglänzenden Kerzen einer Serie, __20__ Produktionsverfahren bei Eika entwickelt und patentrechtlich geschützt wurde.

TEST 40

Text A

Für viele junge Leute ist die Kleidung __1__ ihrer Persönlichkeit. Man möchte sich __2__ anderen abgrenzen. Deshalb nähen viele junge Leute ihre Kleidung wieder selbst. So wie Izabela. __3__ Studentin ist ein eigener Stil sehr wichtig. Sie kauft auf Flohmärkten und in Billigläden Stoffe und Accessoires ein. „Jeder Teil hat eine eigene Geschichte, weil es früher jemand __4__ gehört hat", erklärt die Studentin. Izabela gefällt das Prinzip, aus alten Sachen __5__ zu machen. Seit einigen Monaten besucht sie einen Nähkurs. Es gibt da viel los: Stoffe vergleichen, Knöpfe aussuchen und Farben wählen. __6__ ihrer Kleidungsstücke ist ein Unikat. In Deutschland gibt es immer mehr kreative Menschen, die Mode und Accessoires selbst machen. Manche Leute nähen nicht nur für __7__ selbst, sondern verdienen damit etwas Taschengeld. „DaWanda" ist eine Internetplattform, __8__ kreative Menschen ihre selbstgemachten Produkte verkaufen. Im Jahre 2006 wurde „DaWanda" in Berlin gegründet. Mehr als 60.000 __9__ bieten heute auf dieser Plattform Schmuck, Taschen, Kopfkissen, Röcke und vieles mehr an. __10__ drei Minuten wird eine Tasche und ein Schmuckstück verkauft.

1. A. Abdruck B. Ausdruck C. Eindruck D. Unterdruck
2. A. bei B. in C. unter D. von
3. A. Die 27-jährige B. Den 27-jährigen
   C. Der 27-jährigen D. Deren 27-jährigen

4. A. anderem   B. anderes   C. anderen   D. anderer

5. A. etwas neues   B. etwas neue

   C. was Neues   D. was Neue

6. A. Jeder   B. Jedem   C. Jeden   D. Jedes

7. A. ihnen   B. sich   C. sie   D. einander

8. A. wo   B. woher   C. wohin   D. auf die

9. A. Aussteller   B. Besteller

   C. Hersteller   D. Zusteller

10. A. Aller   B. Alle   C. Jeder   D. Jede

Text B

Gewalt an Schulen: Ein Verein greift ein und __11__ (treffen) Vorbeugungsmaßnehmen. Was tun, wenn Kinder oder __12__ (jugendlich-) von den Mitschülern ausgegrenzt oder gequält werden? Gewalt auf dem Schulhof und das Phänomen „Mobbing" machten durch die Berliner Rülti-Schule Schlagzeilen. Oft reagieren Mitschüler und Lehrer hilflos oder schauen weg. __13__ diesem Grund hat der Verein „Schule machen ohne Gewalt (SMOG)" ein Netzwerk gegen Gewalt ins Leben __14__ (rufen): Professionelle Trainer von „Schule machen ohne Gewalt" arbeiten in den Landkreisen eng __15__ Schulen und der Polizei zusammen. Schon Kindergartenkinder lernen im Seminar „Faustlos", mit Gefühlen wie Wut und Ärger __16__ (umgehen), für Grundschüler steht das Projekt „Nicht mit mir!" __17__ dem Lernplan. In Seminaren für Streitschlichter üben Lehrer, __18__ (erwachsen-) und Schüler, bei Ärger zu vermitteln. __19__ Notfall garantiert die SMOGline eine kostenlose Rufnummer zu Jugendsachbearbeitern der Polizei. Einsatz gegen Gewalt, __20__ Schule machen kann, ist sinnvoll.

TEST 1

【答案】

1～5　　BACBD

6～10　　CADDB

11～15　　wissenschaftlichen / dazu / von / Schöneres / auszugeben

16～20　　gestütztes / wo / die / unserer / Damit

【解析】

Text A

1.　B。本句句意为"土耳其是世界范围内接收难民最多的国家"。题目中所给的四个动词的意思依次为"减少""接收""接管"和"做"。根据本句句意，这里强调的是"接收"这层含义，所以 B 选项正确。

2.　A。通过阅读文章和题目，我们先行排除 D 选项，其写法本身就是错误的；此外我们可以读出这里所说的是"在 2014 年的每个月里"，所以我们要用 monatlich 这个词，其相当于 jeden Monat。**注意：** monatig 不单独使用，其前要加上数词表示"为期……月之久的"；monatelang 意为"数月之久的"，其也不符合句意。

3.　C。这句话的意思为"多数人定居在城郊和农村"。所以我们要用意思为"定居"的反身动词 sich nieder/lassen，故选项 C 正确。其余的三个选项均被排除。

4.　B。通过句意，我们知道这里所说的是"自打战争爆发"，所以我们选择 B 选项，其意为"爆发"。A、C 和 D 这三个选项的意思分别为"中断""侵入""崩溃"，故均错误。

5.　D。这里考查的是固定搭配 einen Antrag stellen，意为"提出申请"，我们要使用动词 stellen，所以 D 选项正确。

6. C。阅读文章，我们明白这里是在说"自从战争爆发以来有 33 万名叙利亚人向欧盟提出了避难申请，其中有 11000 名是在德国递交的避难申请"，所以我们要用意为"其中"的代副词 davon。

7. A。这句话表示"此外还有 35000 名难民通过集体接受计划获得了庇护"。这个句子是以 Flüchtlinge 为关系词的关系从句且这里使用了被动态，动词 gewähren 需要支配第三格和第四格两个宾语，所以空格处需要填写的是关系代词复数的第三格形式，即 denen，我们选择 A 选项。

8. D。本句句意为"叙利亚 5 年战争后局势更加紧张，越来越多的地区被卷入其中"。通过以往的学习我们知道，immer 后接形容词的比较级表示"越来越……"的含义，这里所说的是"越来越多的国土部分"，只有 weitere 符合句意。

9. D。这里考查的句型为 etwas (N) ist jdm. (D) klar，意为"某事对某人来说是清楚的"，所以空格处需要填写的是名词的第三格形式，故选项 D 正确。此处的意思为"难民营里的居住者们越来越清楚……"。

10. B。这里考查的是句型 jd. bezeichnet etw. (A) als (A)，意为"某人将……称作……"。选项 B 为正确选项。本句是在说"叙利亚人将迷茫以及绝望称为 2015 年逃亡的根本起因"。

Text B

11. wissenschaftlichen。alle 后的形容词词尾均为 -en，所以此处需要填写 wissenschaftlichen，意为"所有的科学认识"。

12. dazu。名词 Beitrag 需要支配介词 zu，所以此处需要填写代副词 dazu。我们需要注意短语 einen Beitrag zu (D) leisten，意为"对……做出贡献"。不过，此处的 Beitrag 不是"贡献"这个意思，而是"（负面的）影响"。本句话的意思为"如果没有全球变暖或者至少没有或几乎没有我们人类的影响呢？"

13. von。这里考查的是搭配 frei von (D) sein，意为"摆脱了……"。

此句意为"那么我们就没有任何责任了"。

14. Schöneres。这里考查的是形容词名词化现象。根据逗号后的 als 我们又可以判断出这是形容词比较级形式的名词化，根据这里的 was（etwas 的简写形式）我们可以判断出这里要填 Schöneres。这里表示的是"还有什么比让一切保持原样更好的呢？"

15. auszugeben。此句意为"我们无需为环保措施支付任何费用"。我们在此之前就学习过"brauchen + 否定词 + zu + inf."结构。当动词不定式为可分动词时，zu 要位于前缀和词干之间且三者要连写，故此处需要填写 auszugeben。

16. gestütztes。当动词位于名词前充当定语时，我们必须先将动词变为分词形式。根据句意，这里需要填写的是动词 stützen 的第二分词形式 gestützt，意为"被建立在……之上的"，表示被动含义；此外我们还需要注意此处 gestützt 的形容词词尾为 -es，这里表示的是"建立在消耗化石能源上的生活"。

17. wo。此处是一个关系从句。关系词为前面的 dort，则关系从句由 wo 引导。本句句意为"因此在不久的将来，在那些领域也能赚很多钱，如今也是这样的情况"。

18. die。这是一个以 Energiewende 为关系词的关系从句。根据分析我们发现关系从句中缺少主语，则这里需要填写的是关系代词 die。这句话的意思是"仅仅基于资源短缺的能源转型不是我们这一代的问题"。

19. unserer。这里是第二格，根据 Generation 为阴性名词我们可知此处需要填写 unserer。

20. Damit。反身动词 sich beschäftigen 需要支配介词 mit，所以此处需要填写代副词 Damit。本句句意为"我们的后代可以研究这个问题"。

TEST 2

【解析】

Text A

1. B。本句句意为"一位高大健壮的男士下了车，用他的盲人手杖沿着道路摸索着走了一段路"。题目中所给的四个介词的意思和用法依次为："gegenüber+D"（在……对面），放在名词的前面或后面。"entlang+A"（沿着），放在名词的后面。"über+A"（到……上面），放在名词的前面。"zufolge+D"（根据），放在名词的后面。故选项 B 正确，其余的三个选项均被排除。

2. A。这里考查的是名词同位语，同位语起到补充说明信息的作用，且要紧跟在被描述的名词之后，同位语一般与其所指代的名词的变格形式一致。四个选项分别为第一格、第四格、第三格和第二格形式，所以 A 选项正确。这里表示的是"一名学生已经在入口处等着，是与他同龄的助理"。

3. B。这里考查的是宾语的用法。begrüßen 为及物动词，不需要支配介词；如果动词需要支配介词，则要选择相应介词与 einander 的正确拼写形式，所以 B 选项正确。这句话的意思是"他们友好地问候对方，一起去喝咖啡"。

4. D。通过句意，我们知道这里所说的是"在开始上课之前"，所以我们选择 D 选项，其意为"在……之前"。A、B 和 C 这三个选项的意思分别为"正如……""当……时""在……之后"，故均错误。

5. C。这里考查的搭配为 sich (D) um jdn. (A)/etw. (A) Sorgen machen，意为"为某人 / 某事担忧"。此处是一个由关系代副词 worum 引导的关系从句，用来修饰前面整个主句。选项 C 为正确选项。本句句意为"在他小的时候，他的眼睛给人的感觉太大，他的父母为此感到担忧"。

6. C。这里考查的是分词作状语。根据句意"青光眼由眼压升高所引起"，因此要填写第二分词，所以 C 选项正确。

7. D。这里考查的是 um 的用法。um 表示数量比较时的差额，本句句意为"这个男孩的视力下降了 70%"。故选项 D 正确。

8. A。结合上下文，我们可以判断"这个生活在莱茵兰的家庭感到惊恐不安"和"他们已经失去头胎孩子"之间有因果关系。通过分析句子结构，我们知道这里要用一个连词构成从句。B 选项要求放在句中，而 C 选项既不符合句意，也不符合句法结构，由此可以排除 B 和 C 选项。A 选项和 D 选项均为连词且有"因为"之意，但是 D 选项要求句子语序不变，所以 A 选项正确。

9. B。这里考查的是形容词名词化。stehend 第一分词做形容词，位于 alles 后面要加变格词尾 -e，表达的是"他们尽其所能"。

10. D。这里考查的是不定式结构作状语。根据句意"他们竭尽所能的目的是为了帮助我"，可以判断此处应该用 um...zu 表示目的，故选项 D 为正确选项。anstatt...zu 表示主句动作取代不定式动作，ohne...zu 表示伴随的或者次要的不定式动作没有发生，als...zu 则一般用于固定句型当中。因此，A 选项、B 选项和 C 选项均可排除。

Text B

11. Als。这里考查的是时间状语从句，表示过去发生了一次的动作，因此填写 als。本句话的意思为"当我第一次参观荷尔斯泰因瑞士时"。

12. mich。这里考查的是反身代词。sich (A) verfahren 意思是"迷路了"，主语为 ich，故此处填写 mich。

13. warum。这里考查的是宾语从句。根据句意，从句中缺少原因状语，因此填写 warum。此句意为"如果火车旅行者自己寻思，人们为什么这么喜欢在这里生活"。

14. einem。这里考查的是句型 etw. fällt jdm. ein，意为"（物作主语）突然想到"，故此处需要填写 man 的第三格 einem。

15. zu。这里考查的是句型 "etw. scheint (jdm.) +zu +inf."，意为"（物作主语）看来，似乎"，故此处需要填写 zu。此句意为"那么人们首先想到那些看似反驳的理由"。

16. stärker。这里考查的是形容词的比较等级。根据后面的 stetiger，我们可以判断出这是形容词比较级，故此处需要填写 stärker。这里表示的是"这里的风比起别处更强且更持续"。

17. im。这里考查的是固定短语 im Durchschnitt，意为"平均"。

18. Unverwechselbare。这里考查的是形容词名词化现象。根据这里的 das，我们可以判断出这里要填 Unverwechselbare。这里表示的是"但是这一切都属于其中的一部分，这才是独特之处"。

19. am。这里考查的是介词的用法。根据句中 stehen 一词推断出此处介词支配第三格，Meer 前面可以支配介词 an 或者 in，结合上下文"看日落"可以判断空格处填写 am, am Meer 意为"在海边"。

20. untergehen。此句意为"当人们傍晚站在海边看着日落"。在德语中有些动词有类似于情态动词的用法，它可以与动词不定式连用，构成复合谓语。除文章中的 sehen（看见）之外，这类词还有 lassen（让）、hören（听）、gehen（去）、fahren（驶向）、kommen（来）、lernen（学）、bleiben（保持）和 helfen（帮助）。

TEST 3

【答案】

1～5   CADBC
6～10   BDACD
11～15   konzentriert / wurden / Warum (Weshalb/Wieso) / die /
         winzigen
16～20   Leipziger / diesen / misst / des / wenn

【解析】

Text A

1. C。这里考查的是句型 etw. (A) beginnt mit etw. (D)，意为"（物作主语）以……作为开端"。选项 C 为正确选项。本句句意为"这个故事原本肯定以'从前……'作为开端"。

2. A。通过句意，我们知道这里所说的是"它听起来那么不可思议"，所以我们选择 A 选项，其意为"听起来"。B、C 和 D 这三个选项的意思分别为"按铃""说""称为"，故均错误。

3. D。分析题干语序，可以判断此处要填写副词，nämlich 表示原因，位于句中，由此可排除 C 选项。A、B 和 D 这三个选项的意思分别为"尽管如此""然而""因此"。结合上下文可以推断出二者有因果关系，本句句意为"但是它的确是真实的，所以这个成功的故事别出心裁，从一个想法开始"。

4. B。这里是基数词加词尾 -er 构成的形容词，作定语时，词尾不变。Mitte der 80er Jahre = Mitte der achtziger Jahre，意为"80 年代中期"。
   注意： 80er 和 achtziger 均不变格。

5. C。这里考查的是动词搭配"nachdenken+ über etw. (A)", 意为"思索, 考虑"。选项 C 为正确选项。本句是在说"80 年代中期迪特尔·莱波德与他的太太西格里德女士和孩子彼得及史蒂芬坐在一起思索未来"。

6. B。这里考查的是介词的用法。根据"位于和民主德国接壤的边境地带"可以判断需使用介词 zu, DDR 是阴性名词, 故 B 选项正确。本句句意为"这个位于民主德国边境地带的村庄有 3700 人, 只有少量游客会来这里消费"。

7. D。这句话表示"酿造一种像啤酒的冷饮肯定是有可能的"。分析句子结构很容易判断, es 作形式主语, 带 zu 不定式作真正的主语, 所以我们选择 D 选项。A、B 和 C 这三个选项只能作状语, 均可排除。

8. A。这句话表示"所有饮料的原料都是天然的——只有汽水不是"。这个句子是形容词支配关系的用法, 且这里使用了第二格。第二格名词可以与形容词连用, 这种第二格作为表语性宾语, 我们选择 A 选项。

9. C。通过阅读文章和题目, 我们可以读出这里所说的是"莱波德长年在啤酒厂厂地上的公寓浴室里作实验——直到他 1995 年成功", 所以我们要用 jahrelang 这个词。jährlich 意为"每年的", 其也不符合句意, jährig 前面一般要加上数字, 表示"……之久"。Jahre 前面同样缺少数字, 而且要和副词 lang 搭配。故选项 C 正确。

10. D。这里考查的是关系代词和关系代副词的辨析。根据句意, 可以推断关系从句修饰前面整个句子。分析关系从句, 结合"halten + A + für"的用法, 从句中缺少宾语, 故 D 选项为正确选项。本句表达的是"科学家认为这是不可能的"。

Text B

11. konzentriert。此句意为"人们全神贯注地在花园里读书"。根据句意, 这里需要填写的是动词 konzentrieren 的第二分词形式 konzentriert, 意为"全神贯注的", 此处 konzentriert 的词尾无需变化。

12. wurden。这里是被动态, 根据 andere Nebengeräusche 是主语且

为名词复数，我们可知此处需要填写 wurden。这里表示的是"其他的噪音根本没被听到"。

13. Warum(Weshalb/Wieso)。阅读文章，我们明白这里是在说"为什么人们仍然会马上注意到这些变化"。此处连词引导的是 erklären 的宾语从句，表示原因，所以可以填写 Warum/Weshalb/Wieso。

14. die。这是一个以 Frühmenschen 为关系词的关系从句。根据分析我们发现关系从句中缺少介词宾语，für 支配第四格，则这里需要填写的是关系代词 die。本句句意为"这种对环境突然变化的关注还是源于早期的人类，对他们来说，注意到微弱的声响并正确辨别是性命攸关的"。
注意： 关系从句里有介词宾语，介词放在关系代词前面。

15. winzigen。这里是第四格，前面有 solche, 根据 Geräusche 为复数名词，我们可知此处需要填写 winzigen。

16. Leipziger。这里是由城市名字派生的，以 -er 结尾的形容词用作定语时，不需加词尾。

17. diesen。这里考查的搭配为 jdm./etw. (D) auf der Spur sein, 意为"正在追踪某人 / 某物"。此句意为"他通过现代脑部观察方法正在追踪这些反应"。

18. misst。这里考查的是 messen 的第三人称单数的动词变位。根据后面的 registriert，我们可知此处需要填写 misst。这里表示的是"从那以后她测量脑电波并记录"。

19. des。这里是第二格，根据 Denkorgans 为第二格名词形式，我们可知此处需要填写 des。这里表示的是"大脑的哪些区域突然变得活跃"。

20. wenn。阅读文章，我们明白这里是在说"当一根树枝在灌木丛中发出咔嚓声时"。此处是一个由 wenn 引导的时间状语从句，表示现在或将来发生的动作。

TEST 4

1 ～ 5　　ADBCC
6 ～ 10　DBACD
11 ～ 15　folgenden / könnten / zum / vor / zweitens
16 ～ 20　sondern / damit / durch / anderen / verbunden

【解析】

Text A

1. A。通过分析句法结构，我们可以判断 Bereich 为关系词，空白处缺少关系副词。先行排除 D 选项，其用法本身就是错误的；此外我们可以看到这里的动词是 angefangen，关系副词 wohin 和 woher 的应用要取决于从句中的动词，其均不符合动词的用法，我们再次排除 B 选项和 C 选项，所以 A 选项正确。这里表示的是"我从办理贷款业务的传统领域开始入职"。

2. D。这里考查的是不定代词的用法。不定代词 wenig- 的复数用来替代未知的名词时，只能指代人，且这里的介词 von 支配第三格，故选项 D 正确。此处的意思为"我是为数不多的人之一"。

3. B。本句句意为"随着时间的推移，这种情况发生了很大变化"。C和 D 选项分别指"交换"和"更换"，其词义不符合句意，均可排除；通过词法，我们再次排除 A 选项，其语境不符合句意。ändern 一般是指某个人把原来已经存在的或者早就计划好的事情某一部分进行修改，比如原来计划的路线、计划、观点、规定等；verändern 一般是指由于外界的客观条件导致了某个事物或者人发生了的变化。故 B选项正确。

4. C。通过上下文"很多女性有更好的起始机会"，我们可以判断此处

800 Übungen zum deutschen Lückentext / 91

应该选择比较级，先行排除 B 和 D 选项；此外我们可以读出这里所说的是"现在很多女性受教育程度更高"，我们要用 ausgebildet 这个词，具有"被动"及"已完成"的含义，故选项 C 正确。

5. C。这里考查的是第一虚拟式的用法。根据后半句中 setzt sie hinzu 可以判断出这是第一虚拟式，用来转述别人的观点。这里表示的是"但对她们来说，这并不比以前容易多少"。

6. D。名词 Konkurrenz 需要支配介词 um，意为"竞争，比赛，角逐"，所以 D 选项正确。

7. B。本句句意为"高层职位的竞争是激烈的，此外：事业，孩子"。题目中所给的四个副词的意思依次为"尽管如此""此外""代替"和"在此期间"。根据本句句意，这里强调的是"此外"这层含义，所以 B 选项正确。

8. A。这是一个以 Pfade 为关系词的关系从句。根据分析我们发现关系从句中缺少介词宾语，auf 在这里支配第三格，则这里需要填写的是关系代词 denen。这句话的意思是"这一代人铺平了（职场）道路，如今年轻女性成群结队走在上面"。
注意： 关系从句里有介词宾语，介词放在关系代词前面。

9. C。本句句意为"她们举止更加自信"。通过以往的学习我们知道，viel 加在形容词比较级前，旨在加强相互间的比较，这里所说的是"更加自信"，只有 selbstbewusster 符合句意。

10. D。这里考查的是形容词名词化现象。根据句意我们可以判断出这是形容词名词化，还使用了其第二格形式，故选项 D 正确。此处的意思为"德国现在有 47% 的职场人是女性"。

Text B

11. folgenden。动词 betonen 需要支配第四格，所以此处的形容词要根据紧随其后的名词进行相应的变格，这里需要填写的是 folgenden。此句意为"一开始强调以下的话是重要的"。

12. könnten。这里考查的是第二虚拟式的用法。根据 Ohne dieses Gas 可以判断出这是第二虚拟式,具有非现实条件的意义。这里表示的是 "例如没有这种气体,我们的植物就无法进行光合作用"。

13. zum。这里考查的是介词的用法。根据句意,氧气的用途是供人呼吸,要用介词 zu 表示目的。Atmen 是中性名词,这里需要填写的是 zum。本句意思是 "我们会没有可供呼吸的氧气"。

14. vor。这里考查的搭配为 jdn./sich/etw. (A) (vor jdm./etw. D) schützen,意为 "保护,防护,抵御"。此句意为 "也没有臭氧层保护我们免受太阳辐射的危害"。

15. zweitens。阅读文章,我们明白这里是在说 "第二,气体本身并不是问题",所以我们要填意为 "第二" 的副词 zweitens。

16. sondern。这里考查的是固定搭配 nicht...sondern...,意为 "不是……而是……",我们要填写的是 sondern。

17. damit。名词 Umgang 需要支配介词 mit,所以此处需要填写代副词 damit。这里表示的是 "而是我们对其的处理方式"。

18. durch。阅读文章,我们明白这里是在说 "我们人类在全球通过燃烧化石燃料像石油、煤和天然气,每年向大气层中排放 340 亿吨二氧化碳,而且二氧化碳排放呈上升趋势",所以我们要用意为 "通过" 的介词 durch。

19. anderen。这里考查的是形容词变格。根据这里的 von allen 和 Gasen,我们可以判断出这里要填 anderen。这里表示的是 "因为二氧化碳是一种持久的温室气体且我们人们所排放的二氧化碳要远远多于其他气体"。

20. verbunden。这句话表示 "它与气候变化的密切关联,没有第二种物质可以相提并论"。这个句子是以 verbinden 的第二分词 verbunden 作表语,具有被动意义,说明气候变化是受到二氧化碳的影响。

TEST 5

【答案】

1 ~ 5　　DACBB
6 ~ 10　　DACCD
11 ~ 15　　trat / dürfen / bestehenden / die / zur
16 ~ 20　　wird / dem / ihre / Nach / um

【解析】

Text A

1. D。本句句意为"这儿的牛排、烤肠、鱼片和火鸡排依次放在自清洁的传送带上去精准烤制"。四个选项中均包含 einander 一词，答题关键在于区分介词的用法。unter 表示"在……下面（当中）"，zu 表示"向……"，auf 表示"在……上面"，nach 表示"在……之后"。根据本句句意，这里强调的是"依次"这层含义，所以 D 选项正确。

2. A。本句句意为"煮面的水在超大的烹饪锅中冒泡，一位厨师在旁边烹调 100 份蔬菜拼盘"。题目中所给的四个动词的意思依次为"准备，烹饪""提供""购物"和"选择"。根据本句句意，这里强调的是"烹饪"这层含义，所以 A 选项正确。

3. C。本句考查的是主动态和被动态的辨析。阅读题干，句中有情态动词，则可以排除 B 选项；abkühlen 为及物动词，已经烹饪的菜肴为冷却的对象，因而要使用被动语态。故 C 选项正确。

4. B。本句句意为"四小时内热食应该经过从 +60℃到 +5℃的'紧急温度区'"。题目中 A、B 和 D 三个选项是介词且意思依次为"在……之外""在……之内""在……期间"，而 C 选项是副词且意思为"在此期间"。außerhalb 和 innerhalb 既可以支配第二格，也可以支配介词 von。根据本句句意，这里强调的是"在……之内"这层含义，所以 B 选项正确。

5. B。这里考查的是 auf 的用法。auf 表示一个准确的数目，意为"（上升或下降）到……"。

6. D。本句句意为"为此有被称作'冷却风机'的设备，可以向菜肴吹送冰冷的风，从而快速制冷"。题目中所给的四个动词的意思依次为"供给""对……关怀备至""搞到"和"引起"。根据本句句意，这里强调的是"引起"这层含义，所以 D 选项正确。

7. A。这句话表示"然后冷却的食物被分配在盘子上摆好，并被放进飞机烤箱的托盘里，在飞机烤箱中使用的托盘也被带上飞机"。这个句子是以 Flugzeugofen-Einsätzen 为关系词的关系从句且这里使用了被动态，此外我们还读出这里所说的是"在飞机烤箱的托盘里"，所以要用介词 in，关系代词要使用第三格形式 denen，构成介词宾语，我们选择 A 选项。

8. C。A、C 和 D 选项均可以引导时间状语从句，意思分别为"在……期间""在……之后""在……之前"。B 选项引导让步状语从句。阅读题干，我们发现从句动作发生在主句之前。由此可以判断 C 选项正确。这句话的意思是"在所有航行需要的部件和产品被提供之后，最后进行拼装"。

9. C。名词 Voraussetzung 需要支配介词 für，意为"前提，先决条件"。选项 C 为正确选项。本句句意为"顺利流程的先决条件是完美的物流"。

10. D。这是一个以 Logistik 为关系词的关系从句。根据分析我们发现关系从句中缺少主语，则这里需要填写的是关系代词 die。选项 D 为正确选项。本句表达的是"完美的物流始于控制中心"。

Text B

11. trat。这里考查的是固定搭配 in Kraft treten，译为"开始生效"。根据时间状语判断动词使用一般过去时。本句句意为"2002 年 4 月 26 日，乌克兰切尔诺贝利核电站发生反应堆事故 16 年后，德国实施了一项新法律"。

12. dürfen。这里是带有情态动词的被动态，根据句意，这里陈述的是新法律的内容，neue Atomkraftwerke 是主语且为名词复数，我们可知此处需要填写 dürfen。这里表示的是"不得再建造新的核电站"。

13. bestehenden。这句话表示"对于现有的核电站，有一个常规运行期限"。这个句子中 bestehen 与 AKW 具有主动关系，所以此处需要填写第一分词的变格形式 bestehenden。

14. die。这是一个以 Regellaufzeit 为关系词的关系从句。根据分析我们发现关系从句中缺少主语，则这里需要填写的是关系代词 die。本句句意为"常规运行期被限定为 32 年，从开始运转算起"。

15. zur。这里考查的搭配为 (etw.) zu etw. beitragen，意为"为……作出贡献"。此句意为"天然气和可再生能源分别为电力供应贡献 11% 和 10%"。

16. wird。此句意为"核能在未来几年里也将起作用"。根据句意，这里需要填写的是 wird。

17. dem。entsprechend 支配第三格，Ausstiegsgesetz 为中性名词，我们可知此处需要填写 dem。这里表示的是"根据退出法案，2020 年它们的贡献将会非常小"。

18. ihre。这里考查的是短语 an jds. Stelle treten，意思是"取代，代替"。Stelle 为阴性名词，我们可知此处需要填写第四格形式 ihre。这里表示的是"可再生能源应该取代它们"。

19. Nach。通过句意，我们知道这里所说的是"根据联邦环境部的数据"，所以这里需要填写的是 Nach。

20. um。此句意为"他们的电力供应份额将在 14 年内增加超过一倍达到 25% 左右"。根据句意，这里需要填写的是介词 um。

TEST 6

1～5　　ACBDC
6～10　　ADBDC
11～15　　Erwachsene / gelesene / Unmögliche / einen / über
16～20　　an / darin / gebündelt zu haben / dass / wenn

【解析】

Text A

1. A。通过阅读文章和题目，我们先行排除 B 和 C 选项，其用法本身就是错误的；此外我们可以看到这里的动词 weinen 作状语，要选用与句中谓语动词动作同时发生的第一分词，我们再次排除 D 选项，所以 A 选项正确。这里表示的是"科学家们高兴地把耳机扯下来相拥而泣，这种情形通常只有在电影里才有"。

2. C。题目中所给的四个形容词的意思依次为"简短的""粗略的""更准确的"和"诚实的"。根据本句句意，这里对空间方位作出具体说明，所以 C 选项正确。本句句意为"或者在达姆施塔特。准确地说，在欧洲空间操作中心的主控制区里"。
   注意：第二分词短语作状语时，需置于句首，分词短语之后，也需加逗号。在分词短语中，第二分词也不作任何词尾变化，此类常用的词组有：kurz gesagt 意为"简而言之"，grob gesagt 意为"粗略地说"，genauer gesagt 意为"更准确地说"，ehrlich gesagt 意为"老实说"。

3. B。通过阅读文章和题目，我们先行排除 C 和 D 选项，其写法本身就是错误的；此外我们可以读出这里所说的是"在七年飞行和超过 12 亿公里的路程之后"，所以我们要用 siebenjährig 这个词，这里是第三格，所以 B 选项正确。
   注意：-jährig 不单独使用，其前要加上数词表示"为期……年之久的"；-jährlich 表示"每年的，一年一度的"。

4. D。本句句意为"在七年飞行和超过 12 亿公里的路程之后，行星探测器'惠更斯'降落在土星的卫星泰坦上，并将第一批数据传输到黑森州南部"。题目中所给的四个介词的意思依次为"在 / 去……旁边""在……附近""（表示运动的目标）去，往，向"和"（表示方向）向，到，往"。根据本句句意，这里强调的是"（表示方向）向，到，往"这层含义，所以 D 选项正确。

5. C。这里考查的是关系代词的用法。阅读本句，我们发现 Eisberg 是关系词，在关系从句中作主语，故选项 C 正确。

6. A。本句句意为"河流和甲烷流纵横交错穿过冰山的照片——以前没有人见过"。题目中所给的四个副词的意思依次为"以前""以后""那时"和"同时"。根据本句句意，这里强调的是"以前"这层含义，所以 A 选项正确。

7. D。动词 verbinden 需要支配介词 mit，所以此处需要填写代副词 damit。这里表示的是"由于密切相关的技术风险"。

8. B。这里考查的是形容词的构词。名词 Aufstehen 和第一分词 erregend 连在一起写，故选项 B 正确。此处的意思为"因此引起轰动的任务是'德国休斯顿'的一个事件"。

9. D。这里考查的搭配为"jdn./sich/etw. + Inf. lassen"，意为"让，使，允许"。这里要选择 man 的第四格，选项 D 为正确选项。本句表达的是"只有玻璃柜里的卫星微小模型让人们猜到"。

10. C。这里考查的是宾语从句。根据分析我们发现宾语从句中不缺成分，只缺少连词，且为预料的情况，则这里需要填写的是连词 dass。故选项 C 正确。此处的意思为"欧洲空间操作中心是欧洲太空旅行的神经中枢之一"。

Text B

11. Erwachsene。这里考查的是形容词名词化现象。根据句意，我们可以判断出这里要填 Erwachsene。这里表示的是"成年人也需要童话"。

12. gelesene。这句话表示"被多数人热情阅读的哈利·波特"。这个句子是以 lesen 的第二分词作定语，具有被动意义。这里是第一格，所以此处需要填写 gelesene。

13. Unmögliche。这里考查的是形容词名词化现象。根据这里的 das，我们可以判断出这里要填 Unmögliche。这里表示的是"一切皆有可能，连不可能也是"。

14. einen。这里考查的搭配为 jdn. (zu etw.) ermutigen，意为"使鼓起勇气和信心"，故此处需要填写 man 的第四格 einen。

15. über。这里考查的是搭配 über jdn./etw. siegen，意为"战胜, 获胜"。此句意为"正义将战胜邪恶"。

16. an。这里考查的是固定搭配 Erinnerung an jdn./etw.，意为"记忆, 回忆"，我们要填写介词 an。

17. darin。这里考查的句型为 etw. besteht in etw. (D)，意为"（物作主语）……在于……"。所以此处需要填写的是代副词 darin。这里表示的是"格林兄弟最人的成就是"。

18. gebündelt zu haben。阅读文章，我们明白这里缺少介词宾语，要用不定式短语充当宾语。集结成册这一动作已经完成，故要使用第二不定式。本句句意为"格林兄弟如此尽力将人们口口相传、版本多样的故事汇集成册"。

19. dass。这里考查的是结果状语从句"so+Adj., dass..."。根据句意，我们可以判断出这里要填连词 dass。这里表示的是"我们悄悄地记住了几代人的连接"。

20. wenn。阅读文章，我们明白这里是在说"当我们听到小红帽，然后在多年后又重述时"。此处是一个由 wenn 引导的时间状语从句，表示现在或将来发生的动作。

TEST 7

【解析】

Text A

1. D。本句句意为"一种型号的设备通过传感器跟踪河流里的水位"。题目中所给的四个动词的意思依次为"观察""观察""跟随"和"追踪"。根据本句句意，这里强调的是"追踪"这层含义，所以 D 选项正确。

2. B。动词 fest/binden 搭配介词 an，其后支配第三格。此处是第二分词短语作状语，对谓语动作发生的情况进行补充说明，选项 B 为正确选项。本句句意为"被绑在树上的传感器插入河床，检测从 0 到 9 的十个不同的水位"。

3. C。这里考查的是形容词的变格形式。分析句子，Wächter 为阳性名词，且为第二格，我们先行排除 B 和 D 选项，其用法本身就是错误的；此外我们可以看出这里 freiwillig 作副词，所以无需进行词尾变化。

4. B。本句句意为"在临界水位 7 时，警卫还会通知位于河流下游的涉险社区"。题目中所给的四个名词的意思依次为"上游""下游""预赛"和"后足"。根据本句句意，这里强调的是"下游"这层含义，所以 B 选项正确。

5. D。这里考查的是搭配 ohne jdn./etw. aus/kommen，意为"应付，对付"。选项 D 为正确选项。本句表达的是"像这样的预警系统不需要高科技”。

6. A。这里考查的是分词作定语。funktionieren 为不及物动词，要使用第一分词形式。再根据 Katastrophenschutz 的词性和 ohne 支配第四格，可以判断 A 选项正确。本句句意为“没有正常运转的防灾措施”。

7. C。题目中所给的四个动词的意思依次为“斗争”“得到”“控制”和“共同斗争”。根据本句句意，这里强调的是“控制”这层含义，所以 C 选项正确。本句句意为“灾害应该在萌芽状态被控制，并尽可能降低危害”。

8. B。本句句意为“我们长期一再花很多钱”。题目中所给的四个动词的意思依次为“上交”“花费”“前往”和“分配”。根据本句句意，这里强调的是“花费”这层含义，所以 B 选项正确。

9. D。这里考查的是搭配 jdn./sich/etw. (mit etw.) versorgen，意为“供给，供应”。选项 D 为正确选项。本句表达的是“为了在发生自然灾害时救人或者事后向灾区提供人道主义援助”。

10. A。这里考查的是第二虚拟式的用法，其完成时形式表示与过去的事情或原来的愿望相反。根据 gestroben 可以判断出要用助动词 wären，所以 A 选项正确。本句句意为“如果我们之前采取行动，那么许多人根本不会死亡或者失去那么多”。

Text B

11. der。这是一个以 wer 为关系代词的关系从句。根据分析我们发现主句缺少主语，则这里需要填写的是代词 der。本句句意为“谁如果想亲身体验今天的东德，则应该出发去格尔利茨”。

12. nennen。分析句子结构，我们可以判断 manche（某些人）为主语，这里使用一般现在时，因而填写 nennen。这句话的意思是“有些人把这个靠近尼斯河在德国东南端的边界地区称‘德国最美的城市’”。

13. Was。这里考查的是关系从句。根据分析我们发现关系从句中缺少作

主语的关系代词，主句也省略主语。根据句意判断这是一个 Was...,
(das)... 句式，则这里需要填写的是关系代词 Was。本句表达的是"这
里在过去 13 年所形成的"。

14. ein。这里考查的是搭配"grenzen+an (A)"，意思是"邻近，与……
接壤"。根据 Märchen 为中性名词，我们可知此处需要填写 ein。
这里表示的是"这接近于一个童话"。

15. auferstanden。这里考查的是现在完成时的用法，根据助动词 ist 和
句意，我们可知此处需要填写 auferstanden。这里表示的是"格尔
利茨真正从废墟中'复活'"。

16. verwinkelte。当动词位于名词前充当定语时，我们必须先将动词变
为分词形式。根据句意，这里需要填写的是动词 verwinkeln 的第二
分词形式 verwinkelt，且要进行变格，词尾为 -e，这里表示的是"狭
窄而弯曲的小路"。

17. die。这是一个以 Fülle 为关系词的关系从句。根据分析我们发现关系
从句中缺少主语，则这里需要填写的是关系代词 die。这里表示的是"富
足令人叹为观止"。

18. als。阅读文章，我们明白这里是在说"然而，在东德末期，辉煌的往
昔除了集聚的腐烂残余之外，所剩无几"，所以我们要用表示比较的
连词 als。
注意： als 表示不同级的比较，用于比较级之后。

19. schöner。这里考查的是形容词的比较级。根据前面的 noch，我们
可以判断此处需要填写形容词比较级 schöner。这里表示的是"为了
让童话更加美丽"。

20. alter。这里是第二格，根据 Bauten 为复数名词，我们可知此处需要
填写 alter。这里表示的是"一位不知名的赞助人每年捐赠 50 万欧元
来翻新旧建筑"。

TEST 8

1 ~ 5　　BADCA
6 ~ 10　　CBDBD
11 ~ 15　　wurde / ausgewiesen / zum / zwar / davon
16 ~ 20　　Herausforderungen / neu / Vertriebenen / die / sondern

【解析】

Text A

1. B。这里考查的是不定代词的用法。分析句子，不定代词指代的是 Universität 这个阴性名词，此处 als 支配第一格，故选项 B 正确。这句话的意思为"斯坦福大学被认为是世界上最好的大学之一"。

2. A。这里考查的是句型 Wer..., (der)....。分析句子，关系从句和主句均缺少表示动作发出者的主语，由此可以判断选项 A 正确。此处的意思为"谁在这里学习，谁就达到了目的"。

3. D。题目中所给的四个动词的意思依次为"增长""顺便带上""减少"和"录取，接纳"。根据本句句意，这里强调的是"录取"这层含义，所以 D 选项正确。本句句意为"只有二十分之一的申请人被录取"。

4. C。这里考查的是句型 jd./etw. gehört zu etw.，意为"（人／物作主语）是……的一员，属于（范畴、类型）"。选项 C 为正确选项。本句表达的是"斯坦福大学的毕业生包括硅谷思想领袖或者谷歌创始人"。

5. A。这里考查的是句型 etw. liegt bei etw.，意为"（物作主语）总计，数值是"。此句意为"学费每年高达 52000 美元"，故选项 A 正确。

6. C。题目中所给的四个名词的意思依次为"出口""入口""接近；见到；

进入……的可能性"和"沉没"。根据本句句意，可以判断 C 选项正确。本句句意为"为此，学生们师从最聪明的教授——获得生活需要的社交网"。

7. B。这里考查的是句型"so + Adj./Adv...., so + Adj./Adv."，意为"（用于比较）同样"。此句意为"加州大学的环境具有创新性，同样学术界的运作是传统的"，故选项 B 正确。

8. D。本句句意为"两位教授不在校园里，而是在互联网上免费提供他们的课程'人工智能导论'"。题目中所给的四个介词的意思依次为"由于""在……期间""由于"和"取代，代替"。根据本句句意，这里强调的是"取代，代替"这层含义，所以 D 选项正确。

9. B。这里考查的是复合连词的用法。这句话的意思为"此时，特伦不仅在斯坦福大学担任教授，还领导着传奇的研究部门'谷歌 X'"。句中有 nicht nur，与 sondern auch 一起使用，故选项 B 正确。

10. D。这句话表示"在其实验室里的机器人自由漫游"。这个句子是以 Forschungsabteilung 为关系词的关系从句，所以空格处需要填写的是关系代词的第二格形式，即 deren，我们选择 D 选项。

Text B

11. wurde。这里是被动态，根据 er 是主语且从句为一般过去时，我们可知此处需要填写 wurde。这里表示的是"他与他的父亲和兄弟们被驱逐出西里西亚"。

12. ausgewiesen。根据句意，这里需要填写的是动词 aus/weisen 的第二分词形式 ausgewiesen，意为"被驱逐"，这里表示的是"克里斯特尔于 1946 年被驱逐出他们在埃菲尔中部的村庄"。

13. zum。这里考查的句型为 jdn./etw. zu etw. erklären.，意为"宣布……是"。此句意为"因为人们宣布它为军事训练场"。

14. zwar。这里考查的是固定搭配 zwar..., aber...，意为"虽然……，但

是······"，此句意为"虽然故事不同"。

15. davon。这里考查的句型为 etw. handelt von etw. (D)，意为"（物作主语）主题是，涉及，论及······"，所以此处需要填写的是代副词 davon。这里表示的是"但是他们两个都是关于家乡在第二次世界大战中被永久摧毁"。

16. Herausforderungen。这里是第三格，根据前面的 von den，我们可知此处需要填写 Herausforderungen。这里表示的是"旧家园面临战后的挑战——（人们）急需站稳脚跟，自给自足"。

17. neu。阅读文章，我们明白这里是在说"德国必须重建"，此处 neu 修饰动词作状语，无需变格。

18. Vertriebenen。这里考查的是形容词名词化现象。根据这里的 von den，我们可以判断出这里要填 Vertriebenen。这里表示的是"被驱逐者中有大量知识分子"。

19. die。这是一个以 Intellektuelle 为关系词的关系从句。根据分析我们发现关系从句中缺少主语，则这里需要填写的是关系代词 die。本句句意为"他们影响着联邦德国的社会生活"。

20. sondern。阅读文章，我们明白这里是在说"而是正相反，联邦德国本身就是这一成功融合过程的结果"，所以我们要用意为"而是"的复合连词 sondern dass。

TEST 9

【答案】

1～5   DACBD
6～10   ACCBD
11～15 genügend / den / an / von / Planeten
16～20 der / Wahrscheinlichkeit / als / saurer / Verglichen

【解析】

Text A

1. D。这里考查的是代词的用法，alle 和 wir 是同位语，要使用第一格，所以 D 选项正确。这里表示的是"我们所有人都需要食物和水"。

2. A。本句句意为"我们中的大部分人渴望合理地改善他们的生活水平"。题目中所给的四个名词的意思依次为"改善""缩短""恶化"和"延长"。根据本句句意，这里强调的是"改善"这层含义，所以 A 选项正确。

3. C。本句句意为"在 20 世纪 70 年代，当还有 40 亿人居住在这个星球时"。通过句意，我们先行排除 B 和 D 选项，其词义不符合句意；通过词法，我们再次排除 A 选项，其为不及物动词，须支配介词。

4. B。通过阅读文章和题目，我们可以读出这里所说的是"属于它的大气"，我们要用第一分词 gehörend，具有"主动"及"正在进行"的含义，且这里是第三格，故选项 B 正确。

5. D。这里考查的是固定搭配 etw. in Auftrag geben，意为"委托做……"。选项 D 为正确选项。A、B 和 C 三个选项意思依次为"合同""贡献"和"数值"，均可排除。本句表达的是"罗马俱乐部以 1972 年受他委托进行的研究'增长的极限'为起点。"

6. A。本句句意为"这次会议的一项成果是《联合国气候变化框架公约》"。
   题目中所给的四个名词的意思依次为"成果""经历""许可"和"事件"。
   根据本句句意，这里强调的是"成果"这层含义，所以 A 选项正确。

7. C。此处是 Kyoto-Protokoll 为关系词的关系从句，从句缺少介词说
   明语，表示"在京都议定书中"。选项 C 为正确选项。本句句意为"该
   议定书首次为工业国家的排放上限规定了具有法律约束力的目标"。

8. C。题目中所给的四个动词的意思依次为"拘捕""查明""规定"和"固
   定"。根据本句句意，这里强调的是"规定"这层含义，所以 C 选项
   正确。

9. B。本句句意为"令人遗憾的是，许多国家的目标仍未实现"。题目
   中所给的四个名词的意思依次为"例如""很遗憾""幸亏"和"试
   验性的"。根据本句句意，这里强调的是"很遗憾"这层含义，所以
   B 选项正确。

10. D。阅读文章，我们明白这里是在说"以至于媒体越来越对这些事件
    失去兴趣"，所以我们要用意为"以至于"的连词 sodass。

Text B

11. genügend。这句话表示"人们还带来一点光和足够的热"。这个句
    子是以 genügen 的第一分词作定语，无需变格，所以此处需要填写
    genügend。

12. den。这里考查的是句型"es geht jdm./etw.(D)+Adj."，Lebewesen
    在此处为复数形式，因此此处需要填写 den。这里表示的是"在这里
    的生物都很好"。

13. an。名词 Maß 需要支配介词 an (D)，这里表示的是"高水平的新陈
    代谢物"。

14. von。这里考查的句型为 jd./etw. ist von jdm./etw. (D) entfernt,
    意为"（人／物作主语）离……远，相距……"，所以此处需要填写
    的是介词 von。这里表示的是"我们人类其实离细菌一点都不遥远"。

15. Planeten。这里是第二格，根据前面的 unseres，且 Planet 为阳性弱变化名词，我们可知此处需要填写 Planeten。这里表示的是"我们把地球的资源用于人类的发展"。

16. der。这里是第二格，根据后面的 Menschheit，我们可知此处需要填写 der。

17. Wahrscheinlichkeit。这里考查的是构词法。分析句子，我们发现需要填写与 wahrscheinlich 相应的名词作介词宾语，由此可以判断此处需要填写 Wahrscheinlichkeit。本句句意为"我们极可能也对气候变迁作出了贡献"。

18. als。阅读文章，我们明白这里是在说"2012 年 9 月，北极冰层扩散比长期平均水平少了 310 万平方公里"，所以我们要用表示比较的连词 als。

19. saurer。这里考查的是形容词的比较级。根据前面的 viel，我们可以判断出这是形容词比较级，故此处需要填写 saurer。这里表示的是"海洋的酸性要强的多"。

20. Verglichen。阅读文章，我们明白这里是在说"与 15 年前的数据相比"，所以我们要用第二分词 verglichen。

TEST 10

【解析】

Text A

1. D。这里考查的是固定搭配 mitten in etw. (D)，意为"在……期间"，我们要使用副词 mitten，所以 D 选项正确。

2. C。通过阅读文章和题目，我们先行排除 A 和 B 选项，其用法本身就是错误的；此外我们可以读出这里所说的是"2003 年 12 月 25 日，一个着陆舱坠入火星稀薄的大气层"，所以我们要用 ein/tauchen 这个词，这里的 in 支配第四格，故选项 C 正确。

    注意： tauchen 表示整体潜入水中，并消失不见；auf/tauchen 表示浮出水面，引申意为"突然出现"；ein/tauchen 表示潜入流体（大多数是水中，也可以是气体中），且为流体表层；unter/tauchen 表示潜入水中，并能看到过程。

3. A。本句句意为"在它 5 天前与母舰分离之后"。题目中所给的四个连词的意思依次为"在……之后""在……之前""即使"和"在……期间"。根据本句句意，这里强调的是"在……之后"这层含义，所以 A 选项正确。

4. B。本句句意为"然后它变得越来越慢"。我们知道，immer 后接形容词的比较级，表示"越来越……"的含义，这里所说的是"越来越慢"，只有 langsamer 符合句意。

5. D。本句句意为"然后——太空舱距离火星陆地仅 250 米——三个大安全气囊充气，为了减弱将要发生的撞击"。题目中所给的四个不定式短语的意思依次为"和……相比""没有发生，没有做（某事）""取代……"和"为了"。根据本句句意，这里强调的是"为了"这层含义，所以 D 选项正确。

6. A。通过阅读文章和题目，我们先行排除 B 和 D 选项，其写法本身就是错误的；此外我们可以读出这里所说的是"到达底部"，所以我们要用 angekommen 这个词，故 A 选项正确。

7. C。阅读文章，我们明白这里是在说"四个带有太阳能电池的面板从盖子内侧折叠出来"，所以我们要用意为"折叠"的动词 heraus/klappen。

8. C。本句句意为"以便为电池充电"。题目中所给的四个动词的意思依次为"下载""装运""充电"和"装上"。根据本句句意，这里强调的是"充电"这层含义，所以 C 选项正确。

9. B。本句句意为"电池被安置在一个着陆装置的中央处理器里"。题目中所给的四个动词的意思依次为"把……交还""安置""教"和"表明"。根据本句句意，这里强调的是"安置"这层含义，所以 B 选项正确。

10. D。这里是第二格，根据后面的 Existenz，我们可知此处需要填写 organischer。这里表示的是"着陆器和相关的行星轨道飞行器'火星快车'将在寒冷的邻近行星上寻找生命存在的痕迹"。

Text B

11. wie。阅读文章，我们明白这里是在说"自几个世纪以来，我们的学习方式在中小学和大学里几乎没改变过"。此处是一个由 wie 引导的定语从句，用来修饰 Weise。

12. von。这里考查的是固定搭配 von jdm./etw. unabhängig，意为"不受……影响的"，我们要使用介词 von。这句话的意思是"在 19 世纪初，普鲁士改革家威廉·冯·洪堡曾尝试使所有人接受教育，不管他的地位、职业和出身如何"。

13. verwirklicht。这里考查的是第二分词短语作状语。这种短语用作状语时，分词不作变化。这里表示的是"通过普遍的和统一的学校教育实现"。

14. Privilegierten。这里考查的是形容词名词化现象。根据句意，我们可以判断出这里要填 Privilegierten。这里表示的是"不只是享有特权的人"。

15. seinem。这里考查的是"entsprechend+D"的用法，根据后面的 Potential，我们可知此处需要填写 seinem。这里表示的是"而且每个人都应该有权根据他的潜力发展自我"。

16. um。阅读文章，我们明白这里是在说"洪堡想要自由自主，学会学习的人格，为了能够终身学习"，所以我们要用意为"为了"的不定式短语 um zu。

17. der。这是一个以 wer 为关系代词的关系从句。根据分析我们发现主句缺少主语，则这里需要填写的是代词 der。

18. wo。阅读文章，我们明白这里是在说"谁是优秀的，谁就会继续前进，不论谁来自哪里"。根据 herkommen 可以判断从句缺少疑问副词 wo。

19. Humboldts。这里考查的是人名的变格形式。人名后加 -s 可置于被修饰词之前，故此处需要填写 Humboldts。这里表示的是"洪堡的第一目标"。

20. erhält。这里是主动态，根据 jeder 是主语且为第三人称单数，我们可知此处需要填写 erhält。这里表示的是"然而让每个人都接受适合自己能力的教育，仍然是一个未实现的理想"。

TEST 11

1～5   ACBDC
6～10   ADABD
11～15   ob / weder / bei / hängt / damit
16～20   den / Plätzen / ausgestattet / weniger / Deshalb

【解析】

Text A

1. A。这里考查的是形容词名词化现象。根据这里的 was（etwas 的简写形式）我们可以判断出这里要填 Näheres，且这里考查的是搭配 (nichts) Näheres über jdn./etw. wissen，意为"（不）知道有关某人 / 某物更详细的情况"，故 A 选项正确。这里表示的是"他们从不想知道有关我的故事内容更详细的情况"。

2. C。本句句意为"而是只想知道我靠此在这一年里赚了多少钱"。题目中所给的四个连词的意思依次为"但是""可是""而是"和"但是"。根据本句句意，这里强调的是"而是"这层含义，所以 C 选项正确。

3. B。本句句意为"试图建立起我和德语之间的联系"。题目中所给的四个动词的意思依次为"开动，雇佣""生产，建立""改放，挪动"和"投递，寄送"。根据本句句意，这里强调的是"建立"这层含义，所以 B 选项正确。

4. D。这句话的意思为"您喜欢德语的什么方面？"当我们要说明某人或者某物自身所具备的性质或特点时，我们需要使用介词 an，如 Was gefällt dir an ihm?（你喜欢他身上的什么？），故选项 D 正确。其余的三个选项均被排除。

5. C。本句句意为"我用全力为自己辩解"。题目中所给的四个名词的意思依次为"心脏""希望""力量"和"信心，勇气"。根据本句句意，这里强调的是"力量"这层含义，所以 C 选项正确。

6. A。这里考查的是句型 (an jdm./etw.) interessiert sein，意为"（对某人 / 某物）感兴趣的"。选项 A 为正确选项。本句表达的是"作为作家，我对大量的读者感兴趣"。

7. D。动词 misstrauen 需要支配第三格，所以此处需要填写 den Übersetzern，故 D 选项正确。此处的意思为"但是一直对翻译者持怀疑态度"。

8. A。这里介词 trotz 支配第二格，根据 Einwanderung 为阴性名词，我们可知此处需要填写 aller。这里表示的是"在德国，尽管有各国移民，德语始终是唯一能够被大多数人理解、阅读的语言，遥遥领先于其他语言"。

9. B。这里考查的是分词作定语。Hammer 为阳性名词，我们先行排除 A 和 C 选项，其变格形式错误; helfen 为不及物动词，表示主动意义，因此要使用第一分词 helfend，这里是第一格，我们可知此处需要填写 helfender。该句句意为"帮助人的锤子"。

10. D。阅读文章，我们明白这里是在说"与别人建立理解的桥梁"，所以我们要用表示对某人关系的介词 zu。

Text B

11. ob。这里考查的是宾语从句。分析句子，此处为从句作 unterscheiden 的宾语，从句不缺少成分，且有 oder 表示选择，由此可以判断，这里需要填写 ob，此句意为"他们来自东德还是西德"。

12. weder。这里考查的是固定搭配 weder... noch...，意为"既不……，也不……"，此句意为"既不能从外部特征，也不能从社会行为"。

13. bei。这里考查的是固定搭配"populär+bei"。表达的是"东德的大学是受西德学生欢迎的"。

14. hängt。这里考查的是动词的现在时变位。根据逗号前的 sind 我们可以判断出这是动词的现在时变位，从句充当主语，所以这里要填 hängt。此句意为"不只是与东德大学的好声望有关联"。

15. damit。可分动词 zusammen/hängen 需要支配介词 mit，所以此处需要填写代副词 damit。

16. den。这里还考查的是句型 jd./etw. stellt jdn./etw. in den Schatten，意为"某人/某物使某人/某物相形见绌"。根据 Westen 为阳性名词，我们可知此处需要填写第四格形式 den。这里表示的是"在高等教育发展中心的最新大学排名中，东德的大学在许多学科领域明显使西方相形见绌"。

17. Plätzen。这里考查的是名词的第三格复数形式。根据前面的 den 我们又可以判断出这是名词的第三格复数形式，所以这里要填 Plätzen。这里表示的是"例如在人类医学专业，德累斯顿大学、格赖夫斯瓦尔德大学、耶拿大学和马格德堡大学排在第一名至第四名"。

18. ausgestattet。这句话表示"这些学院通常比在西方的学院设备更现代化"。这个句子是由 aus/statten 的第二分词和 sein 构成状态被动态，所以此处需要填写 ausgestattet。

19. weniger。这里考查的是比较等级。我们知道 relativ 后接形容词/形容词比较级表示"相对，比较"的含义。结合上下文，我们发现这里是对东西德大学的对比，所以要使用比较级 weniger。本句句意为"每位教师有相对较少的学生"。

20. Deshalb。阅读文章，我们明白这句话与上文有因果关系，需要填写表示结果的连词 Deshalb。此句意为"因此，在新联邦州可以更快地进行大学学习"。

TEST 12

【答案】

1 ～ 5　　DCABB
6 ～ 10　　DACDB
11 ～ 15　　Wie / zu / klassischem / singend / Japanischen
16 ～ 20　　denen / diesem / auf / zwar / hält

【解析】

Text A

1. D。本句句意为"气候变化促进像飓风、干旱和洪水一类自然灾害的增多"。题目中所给的四个名词的意思依次为"减少""收入""接管"和"增多"。根据本句句意，这里强调的是"增多"这层含义，所以 D 选项正确。

2. C。本句句意为"在这方面有一系列物理学的原因"。题目中所给的四个形容词的意思依次为"身体的""心理的""物理学的"和"心理学的"。根据本句句意，这里强调的是"物理学的"这层含义，所以 C 选项正确。

3. A。这里考查的是句型 etw. führt zu etw.，意为"（物作主语）导致，引起"。故选项 A 为正确选项。本句表达的是"海洋温度升高会导致更强的热带风暴"。

4. B。这是考查的是关系从句。根据分析，我们发现前面整个句子为关系词，关系从句缺少主语，则这里需要填写的是关系代词 was，所以 B 选项正确。本句句意为"更加温暖的空气可以吸收更多的水蒸气，这有利于极端降水的形成"。

5. B。这里考查的是分词作定语。分析句子，此处要用第一分词，具有主动意义；此外，介词 bei 支配第三格，根据 Niederschlägen 为复数名词，我们可知此处需要填写 gleichbleibenden，所以 B 选项正确。这里表示的是"即使降水保持不变"。

6. D。这里考查的是句型 etw. ist an A angepasst，意为"某物是适应……的"。从句缺少引导词，所以此处需要填写疑问副词 woran。

7. A。这里考查的是句型"zu..., um... + zu + Inf."，意为"太……，以致于……"。因此 A 选项正确。这里表达的是"要作出可靠的区域预测，还为时过早"。

8. C。这里考查的是关系从句。分析句子，Küstengebiete 是关系词，这里表达的是"在这些地势较低的沿海地区，由于海平面上升从而导致风暴潮风险增加"。根据句意，可以判断此处要选择关系副词，所以 C 选项正确。

9. D。这里是被动态，根据句意我们可知此处需要填写 betroffen，因此选项 D 为正确选项。这里表示的是"总而言之，贫穷国家深受其害"。

10. B。阅读文章，我们明白这里是表达"但是它们对气候变化几乎没有贡献"，所以我们要用意为"几乎不"的副词 kaum，故 B 选项正确。

Text B

11. Wie。这句话的意思为"人们学习德语的最佳方式是什么"。所以我们要用意思为"怎么样"的疑问副词 Wie。

12. zu。这句话表示"学习德语的道路如同动机一样多种多样"。这个句子是以带 zu 的不定式作定语，在句中的位置必须后置。

13. klassischem。这里是第三格，根据 Unterricht 为阳性名词，我们可知此处需要填写 klassischem。这里表示的是"除常规课之外"。

14. singend。这句话表示"有些人通过唱歌学得最快"。这个句子是以 singen 的第一分词作状语，具有主动意义，所以此处需要填写 singend。

15. Japanischen。这里考查的是形容词名词化现象。根据这里的 im 我们可以判断出这里要填 Japanischen。这里表示的是"在其他语言里，像日语，没有三个冠词"。

16. denen。这句话表示"每个德语学习者都熟悉三个单词（冠词）"。这个句子是以 Wörter 为关系词的关系从句，介词 mit 支配第三格，所以空格处需要填写的是关系代词的第三格形式 denen。

17. diesem。这里是第三格，根据 Mittwochvormittag 为阳性名词，我们可知此处需要填写 diesem。这里表示的是"在这周三早上"。

18. auf。动词 antworten 需要支配介词 auf，所以此处需要填写介词 auf。

19. zwar。阅读文章，我们明白这里是在说"虽然另一位参与者看重语法的系统性"，所以我们要用意为"虽然"的连词 zwar。

20. hält。这里是主动态，根据 Teilnehmer 是主语且为第三人称单数，我们可知此处需要填写 hält。这里表示的是"但是认为发音困难"。

TEST 13

【答案】

1～5　　CADBD
6～10　　CBACD
11～15　　woher / sowjetischer / Hälfte / den / zweiter
16～20　　unter / vor / ausgelaufene / dortige / ist

【解析】

Text A

1. C。通过阅读文章和题目，我们先行排除 D 选项，其用法本身就是错误的。wöchig 不单独使用，其前要加上数词表示"为期……周之久的"；wöchentlich 意为"每周的"，其相当于 jede Woche，也不符合句意。此外我们可以读出这里所说的是"浓雾笼罩着一座城市数周之久"，所以我们要用 wochenlang 这个词。因此，这里要选择 C 选项。

2. A。这里考查的是 Wer..., der... 句式。此外我们可以读出这里所说的是"谁必须出门，口罩对谁来说是必须的"，所以我们要用 für den, 故选项 A 正确。

3. D。这里考查的搭配为 (etw./nichts) mit jdm./etw. zu tun haben，所以空格处需要填写的是 nichts, 故选项 D 正确。此处的意思为"这与合理的生活质量毫无关系"。

4. B。阅读文章，我们明白这里是在表达"微小尘埃污染现在排在由于不良饮食、高血压和吸烟造成的风险之后，是第四大死亡原因"，所以我们要用意为"由于，因"的介词 durch, 所以 B 选项正确。

5. D。这个句子使用了现在完成时，所以空格处需要填写的是 werden 的第二分词，即 geworden，我们选择 D 选项。

6. C。阅读文章，我们明白这里是在说"一个几乎没有空气流动的冬季高压笼罩了这座城市，通过其能使有害物质迅速在大气中积聚"，所以我们要用意为"通过"的代副词 dadurch。

7. B。本句句意为"自 1998 年以来，人口数量从 1200 万增长到 2100 万，或者准确地说是猛增"。题目中所给的四个动词的意思依次为"降低""增长""增强"和"减少"。根据本句句意，这里强调的是"增长"这层含义，所以 B 选项正确。

8. A。这里考查的是分词作定语。这里有反身代词，因而要填写第一分词，表示主动意义。在第二格中，分词需要加词尾 -en，所以我们要用 schiebenden 这个词。本句句意为"在此期间，慢慢通过城市的汽车数量从 100 万增加到 500 多万辆"。

9. C。本句句意为"此外，许多工厂在市中心建厂"。题目中所给的四个副词的意思依次为"因此""仍然""此外"和"代替"。根据本句句意，这里强调的是"此外"这层含义，所以 C 选项正确。

10. D。本句句意为"不足为奇，因为 67% 的能量和 78% 的电力通过燃烧煤炭获得"。题目中所给的四个动词的意思依次为"浪费""消耗""节省"和"获得"。根据本句句意，这里强调的是"获得"这层含义，所以 D 选项正确。

Text B

11. woher。这是一个以 Land 为关系词的关系从句。根据分析我们发现关系从句中缺少方向补语语，则这里需要填写的是关系副词 woher。
    注意： woher 可用作关系副词，它在从句里用来说明地方，此句中的 woher 可用 aus dem 替换。

12. sowjetischer。这里是第二格，根据 Truppen 为复数名词，我们可知此处需要填写 sowjetischer。这里表达的是"苏联军队的进驻"。

13. Hälfte。这里考查的是形容词名词化现象。根据前面的 mehr als 我们又可以判断出这是形容词比较级形式的名词化，根据这里的 die 我们可以判断出这里要填 Hälfte。这里表达的是"1980 年苏联军队的进驻和随后的战争导致一半以上的人口离开该国"。

14. den。这里介词 in 支配第四格，根据 Iran 为阳性名词，我们可知此处需要填写 den。这里表示的是"150 万人去了伊朗"。

注意： 表示洲名、大多数国名的词为中性名词，通常不用冠词。但也有一些国名、地名为阳性名词或阴性名词，例如 der Iran（伊朗）、die Schweiz（瑞士），其冠词要进行相应的变格。

15. zweiter。这里考查的是固定搭配"an + 序数词 + Stelle"，意为"处于第……位"，此外这里是第三格，根据 Stelle 为阴性名词，我们可知此处需要填写 zweiter。这里表示的是"处于第二位"。

16. unter。阅读文章，我们明白这里是在说"此后，巴基斯坦在最乐意接收难民的国家中仅排名第二"，所以我们要用意为"（归属）在……下面"的介词 unter。

17. vor。这里考查的句型为 vor jdm./etw. irgendwohin fliehen，意为"逃避……，到……"。本句是在表达"2014 年，28 万阿富汗人躲避巴基斯坦暴力事件回到原籍国"。

18. ausgelaufene。这句话表示"2014 年结束的由北约领导的安全和重建任务未能给阿富汗的那里的局势带来和平"。这个空需要填写可分动词 aus/laufen 的分词形式作定语，但由于 aus/laufen（慢慢结束）的第二分词所需助动词为 sein，所以这里填写的 ausgelaufen 只表示过去，而非被动含义；此外这里是第一格，根据 Sicherheits- und Wiederaufbaumission 为阴性名词，我们可知此处需要填写 ausgelaufene。

19. dortige。根据句意，这里需要填写的是副词 dort 的形容词形式 dortig，意为"那儿的，那里的"；此外这里是第四格，根据 Lage 为阴性名词，我们可知此处需要填写 dortige。这里表示的是"在阿富汗的局势"。

20. ist。这句话表示"2014 年受伤或死亡的平民人数急剧上升"。这里叙述的事虽发生在过去，但至今仍产生一定的影响，所以要使用现在完成时；根据这里的可分动词 an/steigen 是表示状态变化的动词且主语是 die Zahl，我们可以判断出这里要填写的是助动词 sein 的第三人称单数形式，即 ist。

TEST 14

【解析】

Text A

1. C。分析句子，这里 trauen 支配第三格，意思是"相信"。主语为
   man，其相应物主冠词为 sein，且 Ohren 为复数名词，我们可知此
   处需要填写 seinen。这里表达的是"人们不相信自己的耳朵"。

2. B。这句话的意思为"但是现在一切听起来都不一样了"。所以我们
   要用意为"不一样地"的副词 anders，无需变格，故选项 B 正确。

3. A。这里 Riesling 为主语，als 作同位语，也要用第一格。根据 Star
   为阳性名词，我们可知此处需要填写 neuer。这里表达的是"雷司令
   （Riesling）作为国际葡萄酒中的新星突然受到赞誉和尊敬"。

4. D。题中所给的四个选项的意思依次为"很久以来""毫不费力地，
   毫无顾忌地""此外"和"主要，尤其"。通过句意，我们知道这里
   所说的是"尤其在美国"，所以我们选择 D 选项。

5. C。这里考查的是句型 etw. kommt in Gang，意为"（物作主语）
   开始运转"。这里使用了现在完成时，所以空格处需要填写的是动词
   的第二分词形式，即 gekommen，我们选择 C 选项。此处的意思为"一
   场运动已经展开"。

6. A。这里考查的搭配为 jdn./etw. willkommen heißen，意为"欢迎某人 / 某物"。这里使用了被动态，所以空格处需要填写的是动词的第二分词形式，即 geheißen，我们选择 A 选项。此处的意思为"在顶级餐厅和酒吧它很受欢迎"。

7. C。本句句意为"它正在取代多年来雄踞该领域的霞多丽（Chardonnay）的地位"。题目中所给的四个动词的意思依次为"检查""拥有""统治"和"充满，笼罩"。根据本句句意，这里强调的是"统治"这层含义，所以 C 选项正确。

8. D。这里考查的句型为 (bei jdm./etw.) handelt es sich um jdn./etw.，意为"关系到，涉及"。这里使用了带 zu 不定式，所以空格处需要填写的是动词 handeln，我们选择 D 选项。A、B 和 C 三个选项的意思依次为"谈判""虐待"和"处理，对待"。本句的意思为"它似乎在'雷司令革命'中不是葡萄酒时尚阶层一个突发的兴致"。

9. B。题目中所给的四个动词的意思依次为"猜出""透露，泄漏""陷入"和"劝告"。根据本句句意，这里强调的是"透露"这层含义，所以 B 选项正确。

10. D。本句句意为"葡萄酒依然是一种物美价廉的消遣"。题目中所给的四个词组的意思依次为"有时""从现在开始""史无前例"和"依然"。根据本句句意，这里强调的是"依然"这层含义，所以 D 选项正确。

Text B

11. zwar。阅读句子，这里有连词 aber，所以我们要选择表示"虽然"的连词 zwar。这里表达的是"虽然二氧化碳只是第二重要的温室气体"。

12. denn。阅读文章，我们明白这里是在说"因为这些分子停留在大气中大约 100 到 150 年"，所以我们要用意为"因为"的连词 denn。
注意： denn 位于句首时，句子的语序不变，要使用正语序；此外还有两个连词 da 和 weil 引导从句时，句子要使用尾语序。

13. denen。这个句子是以 Versuchsanordnungen 为关系词的关系从句，

介词 mit 支配第三格，所以空格处需要填写的是关系代词的第三格形式 denen。这句话表达的是"人们能够用不同的实验操作来表明……"。

14. kohlendioxidärmeren。这里考查的是形容词比较级。根据前面的 als，我们可以判断出这是形容词的比较级形式，根据这里的 Luft 我们可以判断出这里要填 kohlendioxidärmeren。这里表示的是"热辐射输送下的温度在富含二氧化碳的空气中要高于在二氧化碳含量低的空气中"。

15. einer。这里是第三格，根据 Flasche 为阴性名词，我们可知此处需要填写 einer。这里表达的是"提高两个瓶子当中一个瓶子里二氧化碳的含量"。

16. mit。这里考查的是搭配 etw. (mit etw.) mischen，意为"将……与……掺和，调和"。此句意为"当人们将醋与苏打水掺和时"。

17. misst。这里考查的是 messen 的第三人称单数的动词变位。根据后面的 man，我们可知此处需要填写 misst。这里表达的是"然后人们为了检验测量两个瓶子里的温度"。

18. die。这里有动词 stellen，由此可以判断介词 vor 要支配第四格，且 Flaschen 为复数形式，我们可知此处需要填写 die。这里表示的是"现在人们将两个相同的普通灯泡以相同的距离放到瓶子前"。

19. ein。阅读文章，我们明白这里是在说"打开它们（电灯泡）"，所以我们要用意为"打开"的可分动词 ein/schalten，这里填写的是可分前缀 ein。

20. wurden。分析句子，这里是 nachdem 引导的时间状语从句，主语为一般现在时，那么从句要使用表示过去的时态。bestrahlen 是及物动词，由此可以判断此处要使用被动态，根据 beide Flaschen 是主语且为名词复数，我们可知此处需要填写 wurden。这里表达的是"在两个瓶子用它们的灯光照射大约一个课时之后"。

TEST 15

【解析】

Text A

1. C。阅读文章，我们明白这里是在说"为了证明他的发明"，所以我们要用意为"为了"的不定式短语 um...zu。

2. A。这里 saugen 为及物动词，介词 in 支配第四格，根据 Innere 为中性名词，我们可知此处需要填写 ins。这里表达的是"血液被吸入卡内"。

3. D。这里考查的句型为 jd./etw. ähnelt jdm./etw.，意为"（人 / 物作主语）与……相似，相像"。选项 D 为正确选项。本句句意为"从外部来看，芯片卡与一张简单的信用卡相似"。

4. B。这里考查的是关系从句。分析句子，关系词为前面的 Miniaturkanälen（微型通道），从句缺少地点说明语，则关系从句由 wo 引导，此处也可用介词加关系代词 in denen 来代替。这句话的意思是"然而它（芯片）上面布满微型通道，生化反应在其中进行"。

5. D。这里考查的是句型"so+Adj./Adv....., so+Adj./Adv.....",意为"（用于比较）同样"。选项 D 为正确选项。本句表达的是"这些过程听起来有多么复杂，同样使用该系统就多么容易"。

6. C。通过阅读文章和题目，我们先行排除 B 和 D 选项，其写法本身就是错误的；此外我们可以读出这里所说的是"人们除了往卡片上滴试剂和等待之外，不必做任何其他事"，所以我们要用 nichts anderes 这个词。

7. B。本句句意为"在不到一小时内设备就会提供结果"。题目中所给的四个名词的意思依次为"事件""结果""许可"和"经历"。根据本句句意，这里强调的是"结果"这层含义，所以 B 选项正确。

8. D。本句句意为"直到诊断结果出来为止"。题目中所给的四个连词的意思依次为"当……时""在……之后""在……之前"和"直到……为止"。根据本句句意，这里强调的是"直到……为止"这层含义，所以 D 选项正确。

9. A。通过阅读文章和题目，我们先行排除 B 和 D 选项，其写法本身就是错误的；此外我们可以读出这里表达的是"赢得时间有时可以挽救生命"，所以要用 lebensrettend 这个词。

10. C。本句句意为"此外芯片实验室也适用于过敏、遗传疾病或药物不耐受性的测试"。题目中所给的四个副词的意思依次为"代替""因此""此外"和"在此期间"。根据本句句意，这里强调的是"此外"这层含义，所以 C 选项正确。

Text B

11. klimatisierten。当动词位于名词前充当定语时，我们必须先将动词变为分词形式。根据句意，这里需要填写的是动词 klimatisieren 的第二分词形式 klimatisiert，表示被动意义，意为"由空调调节的"；此外大家还需要注意此处 klimatisiert 的形容词词尾为 -en，这里表达的是"在由空调调节、快如闪电的城际特快列车里"。

12. ausfahren。本题考查动词的正确形式。在德语中有些动词有类似于情态动词的用法，它可以与动词不定式连用，构成复合谓语。除文章中的 sehen（看见）之外，这类词还有 lassen（让，允许），hören（听），gehen（去），fahren（驶向），kommen（来），bleiben（保持），lernen（学），helfen（帮助）。此句意为"或者在动物园站看到火车驶入、驶出站台"。

13. was。这里考查的是宾语从句。分析句子，我们发现从句中缺少主语，则这里需要填写的是was。本句句意为"我发现柏林发生了哪些变化"。

14. die。这里考查的是 "anschließen + an (A)"，意思是"把……连接到……"。根据 Welt 为阴性名词，我们可知此处需要填写 die。这里表达的是"这个大都会被再次与世界接轨"。

15. reich。这里考查的是形容词的变格形式。这里 reich 修饰第二分词，作状语，无需变格。本句句意为"在西方的百货商店卡迪威里，人们总是有这种感觉，置身于这个在世界范围内分类丰富的食品店，这里确实应有尽有"。

16. wo。这是一个以 Lebensmittelabteilung 为关系词的关系从句。根据分析我们发现关系从句中缺少地点说明语，则这里需要填写的是关系副词 wo。
    注意： wo 可用作关系副词，它在从句里用来说明地方，此句中的 wo 可用 in der 替换。

17. weiß。这里考查的是 Wer..., (der)... 句式。此处省略关系词 der，我们可知此处要填写 wissen 的第三人称单数变位形式 weiß。这里表达的是"谁在柏林的中心，谁就不仅知道"。

18. auch。这里考查的是固定搭配 nicht nur... sondern auch...，意为"不仅……，而且……"，我们要使用 auch。

19. seit。阅读文章，我们明白这里是在说"柏林，自从 1990 年再次成为一个国家的首都"，所以我们要用意为"自从"的介词 seit。

20. zusammengewachsenen。当动词位于名词前充当定语时，我们必须先将动词变为分词形式。根据句意，这里需要填写的是动词 zusammen/wachsen 的第二分词形式 zusammengewachsen，表示主动意义，意为"统一后的，共同发展的"；此外大家还需要注意此处 zusammengewachsen 的形容词词尾为 -en，这里表达的是"柏林会再次成为统一后德国的心脏"。

TEST 16

【解析】

Text A

1. A。这里考查的是分词作状语。分析句子，drängen 为及物动词，我们要使用第二分词，表示被动意义，所以 A 选项正确。本句句意为"他们被推着、挤着穿过通道"。

2. C。本句句意为"每年四月汉诺威工业博览会都会展示最新技术，并吸引国际专业人士"。题目中所给的四个动词的意思依次为"搬家""搬出""吸引"和"脱下"。根据本句句意，这里强调的是"吸引"这层含义，所以 C 选项正确。

3. D。这里考查的是不定代词 ein- 的用法。如果 ein- 替代未提及的名词，那么对人用阳性或阴性形式，所以 D 选项正确。这里表达的是"如果一个人想要了解最新科技成果，就必须参加这个日程"。

4. B。阅读文章，我们明白这里是在说"155000 名参观者和 5175 名参展者，其中 2322 人来自国外"，所以我们要用意为"其中"的代副词 davon。

5. D。这里考查的是同位语。此处 Kommunikation 是介词 in 支配的第三格，则 Kontakt 前面的定冠词也要变为第三格；再根据 Kontakt 为阳性名词，我们可知此处需要填写 dem。这里表达的是"在企业对企业沟通中，即业务合作伙伴之间的直接交流"。

6. A。本句句意为"根据德国经济展览和博览会委员会的报告"。题目中所给的四个名词的意思依次为"报告""作业""支出"和"递交"。根据本句句意，这里强调的是"报告"这层含义，所以 A 选项正确。

7. D。这里考查的是分词定语。分析句子，befragen 为及物动词，这里需要填写的是第二分词形式 befragt，意为"被采访的"；此外大家还需要注意第二分词的词尾为 -en，这里表示的是"81% 的受访企业寄托于这些销售渠道"。

8. B。通过阅读文章和题目，我们先行排除 A 和 C 选项，其用法本身就是错误的；此外我们可以读出这里所表达的是"在变得越来越匿名的因特网时代个人交流的胜利"。通过以往的学习我们知道，immer 后接形容词的比较级，表示"越来越……"的含义，只有 B 选项符合句意。

9. C。这里考查的是介词"entgegen + D"，意思是"跟……相反"，根据 Prophezeiungen 为复数名词，我们可知此处需要填写 allen。这里表示的是"与所有的预言相反"。
   注意：介词 entgegen 也可置于名词后。

10. C。这里考查的是搭配 von etw. profitieren，意为"从中得到好处"。此句意为"准确地说德国得益于这一发展，并成为世界经济的枢纽"。

Text B

11. gesprochenen。当动词位于名词前充当定语时，我们必须先将动词变为分词形式。根据句意，这里需要填写的是动词 sprechen 的第二分词形式 gesprochen，意为"讲的"；此外大家还需要注意此处 gesprochen 的形容词词尾为 -en，这里表示的是"德语是欧盟范围内被使用的最多的语言之一"。

12. der。这是一个以 Sprache 为关系词的关系从句。根据分析，我们发现关系从句中缺少介词宾语，则这里需要填写的是关系代词 der。本句句意为"九千万人成长过程中使用德语"。

13. über。名词 Überblick 需要支配介词 über，所以此处需要填写 über。本句话的意思为"关于德语发展的趋势概要"。

14. Jugendlicher。这里考查的是形容词名词化现象。分析句子，这里空格处所填写的词作 Kunstsprache 的后置定语，且要使用第二格，由此我们可以判断出这里要填 Jugendlicher。这里表达的是"这些短语来源于年轻人的人造语言"。

15. ist。这句话表示"这个短语在此期间已经出现在故事片中"。根据上下文，可以判断这个句子要使用现在完成时，动词 ein/gehen 需要搭配助动词 sein 构成现在完成时，所以空格处需要填写的是助动词的第三人称单数形式，即 ist。

16. dir。这里考查的句型为 etw. fehlt jdm.，所以空格处需要填写的是人称代词的第三格形式。此处的意思为"你病啦？你哪里不舒服？"

17. ausgesprochen。这句话表示"错误地发音"。这个句子是以 aus/sprechen 的第二分词 ausgesprochen 作状语，具有被动意义。

18. Indem。阅读文章，我们明白这里是在说"这些年轻人通过使用骂人的词汇，但去除贬低的意思"，所以我们要用意为"通过"的连词 indem。

19. Besonderes。这里考查的是形容词名词化现象。根据这里的 was（etwas 的简写形式）我们可以判断出这里要填 Besonderes。这里表示的是"我们的说话方式有些特别"。

20. Wer。这里考查的是 Wer..., (der)... 句式。根据分析，我们发现关系从句缺少主语，则这里需要填写的是关系代词 Wer。

TEST 17

【解析】

Text A

1. C。阅读文章，我们明白这里是在说"在多种多样的各国美食中，意大利菜是最受德国人欢迎的"，所以我们要用意为"最受欢迎的"的形容词 beliebteste。

2. A。本句句意为"对许多人来说，因为石炉披萨的气味或意大利肉酱面的味道让人想起在意大利欢乐的家庭假期"。题目中所给的四个副词的意思依次为"因为，也就是""为此""代替"和"尽管如此"。根据本句句意，这里表示原因，所以 A 选项正确。

3. D。此句意为"但是人们不必总是坐飞机"。我们在此之前就学习过"brauchen+ 否定词 +zu+inf."结构，故此处需要填写 braucht。

4. B。这里考查的是关系从句。分析句子，我们可以判断 viele ausgezeichnete Italiener 为关系词，从句中缺少地点说明语，因此要选用介词 bei，表示"在他们那里"。所以 B 选项正确。本句句意为"人们在他们那里觉得就像在一家意大利餐厅一样"。

5. C。阅读文章，我们明白这里是在说"虽然没有海景，但是用爱准备的食物可以克服人们对下一个意大利假期的渴望"，所以我们要用意为"虽然……，但是……"的并列连词 zwar..., aber...。

6. A。这里考查由城市名字派生的名词,这类词以 -er 结尾,可以指人,也可以用作定语,无需变格,因此 A 选项为正确选项。

7. D。名词 Auswahl 需要支配介词 an,所以此处需要填写介词 an。本句话的意思为"这里有许多意大利餐厅供人选择"。

8. D。阅读文章,我们明白这里是在说"无论您是在席勒大街购物,观光旅游或者参观鱼市,然后在莱茵公园悠闲散步",所以我们要用意为"无论"的连词 ob。

9. B。这里考查状态被动态。分析句子,sorgen 为不及物动词,我们可以判断此处为无人称被动态,故要选择 sein 的第三人称单数变位形式 ist。这里表达的是"在这之后享用的顶级意大利美食已经安排好了"。

10. C。这里考查的句型为 etw. (N) ist gut/schlecht besucht.,故选项 C 正确。此处的意思为"餐厅的人一直很多"。

Text B

11. anerkannt。这里是被动态,根据前面的助动词 ist,我们可知此处需要填写 anerkannt。这里表示的是"传统的印度健康学被世界卫生组织认可为一种治疗方法"。

12. aus。这里考查的是搭配 aus dem Gleichgewicht geraten,意为"失去平衡"。此句意为"如果新陈代谢失去平衡"。

13. darauf。动词 zurück/führen 需要支配介词 auf,所以此处需要填写代副词 darauf。这句话的意思是"睡眠不好、急性疾病也归因于此"。

14. sich。这里考查的是固定搭配 etw. (A) zu sich nehmen,意为"用,吃或喝"。此句意为"应该如何和何时吃饭"。

15. vermieden。这里考查的是带有情态动词的被动态。根据后面的 werden sollten,我们可知此处需要填写第二分词 vermieden。这里表达的是"应该避免哪些食物组合"。

16. dem。这里考查的是句型 jd./ etw. steht/ ist jdm./ etw. (D) im Weg, 意为"某人 / 某物妨碍某人 / 某物"。本句表达的是"原则上每天每顿饭不对身体造成负担，仅此而已"。

17. sondern。这里考查的是复合连词 nicht..., sondern..., 意为"不是……, 而是……", 我们要使用 sondern。

18. darüber。这里考查的是固定搭配 jdm. Auskunft über etw. geben, 意思是"给出关于……的情况说明", 所以此处需要填写代副词 darüber。这句话的意思为"此外，强烈的饥饿感能够反馈我们目前缺少什么"。

19. einfache。这里是第四格，根据 Möglichkeiten 为复数名词，我们可知此处需要填写 einfache。这里表示的是"有好几种简单的方法"。

20. gegenzusteuern。这里是带 zu 不定式作定语，根据后面的 auszugleichen, 我们可知此处需要填写 gegenzusteuern。这里表示的是"采取对策和均衡饮食"。

TEST 18

【解析】

Text A

1. C。本句句意为"多年来公司研究技术，人们用它在实验室能生产肉类和鱼类"。题目中所给的四个动词的意思依次为"创立""订购""生产"和"调整"。根据本句句意，这里强调的是"生产"这层含义，所以 C 选项正确。

2. A。这里是无人称被动态，我们可知此处需要填写 wird。这里表达的是"现在在美国被大规模生产"。
   注意：无人称被动态谓语动词要按第三人称单数变位。

3. B。通过上下文，我们知道介绍的是与传统动物养殖有区别的在实验室培育肉类的方式，所以可以排除表示目的的 D 选项。A 选项常用于句型"jdm. bleibt nichts anderes übrig, als + zu + Inf."，意思是"某人除了做……之外别无选择"。B 选项强调的是主句动作代替不定式动作，C 选项用于表示伴随的或者次要的动作没有发生。由此可以判断，B 选项是正确选项。本句句意为"不是在牲口厩育肥动物并随后宰杀"。

4. D。这里考查的搭配为 jdm./(aus) etw. etw. entnehmen，所以空格处需要填写的是代词的第三格形式，且代词指代 Tiere，故选项 D 正确。此处的意思为"而是提取它们的细胞"。

5. B。这里考查的是句型 jd. ist davon überzeugt, dass...，意为"某人相信"。因此选择 B 选项。本句句意为"同时，不少人相信，只有从根本上改变我们的消费习惯，才能达成气候目标"。

6. D。动词 gehören 需要支配介词 zu，所以此处需要填写代副词 dazu。本句话的意思为"这包括改变我们的肉食消费"。

7. C。这里考查的是句型 etw. steht außer Frage，意为"（物作主语）不成问题，完全有把握"。故选项 C 正确。本句表达的是"培育肉将要出现，对这位研究者来说，这一点毫无疑问"。

8. A。通过句意，我们知道这里所说的是"对他来说是更重要的是"，所以我们选择 A 选项，其意为"更重要的"。B、C 和 D 这三个选项的意思分别为"更困难的""更宝贵的""更简单的"，故均错误。

9. B。本句句意为"对于德国的农民们来说，这份研究里目前取得的突破是个坏消息"。题目中所给的四个名词的意思依次为"入室盗窃""突破""爆发"和"中止"。根据本句句意，这里强调的是"突破"这层含义，所以 B 选项正确。

10. C。阅读文章，我们明白这里表达的是"因为实验室的肉不久可能会量产，这当然会让他们感到恐惧"。此处是一个由关系代词 was 引导的关系从句，用来修饰前面整个句子。

Text B

11. nach。阅读文章，我们明白这里是在说"他去拉斯维加斯旅游"，所以我们要用意为"到，往"的介词 nach。

12. Spielautomaten。这里是第三格，根据 Spielautomat 为阳性弱变化名词，我们可知此处需要填写 Spielautomaten。这里表示的是"在一台赌博机上试试他的运气"。

13. umgerechnet。这句话表示"折算为大约 20 万欧元"。这个句子是以 um/rechnen 的第二分词 umgerechnet 作定语，具有被动意义，所以此处需要填写 umgerechnet。

14. nichts。这里考查的是固定短语 gar nichts，意为"一点都没有"，这里是在说"然而泰勒起初一点都没有注意到他中奖了"，所以此处需要填写 nichts。

15. wie。阅读文章，我们明白这里表达的是"正如在一份声明上写道"。此处是一个由 wie 引导的状语从句。

16. weder。这里考查的是复合连词 weder..., noch...，意为"既不……，也不……"，我们要使用 weder。这句话的意思是"由于机器的故障，泰勒和赌场工作人员都未获悉此事"。

17. durchgeführt。这句话表示"曾由赌博监管机构的多名工作人员进行了一项'深入调查'"。这个句子是以 durch/führen 的第二分词 durchgeführt 作定语，具有被动意义，所以此处需要填写 durchgeführt。

18. Glückliche。这里考查的是形容词名词化现象。根据这里的 der 我们可以判断出此处要填 Glückliche。这里表达的是"泰勒是幸运儿"。

19. Der。这里考查的介词宾语。zufolge 支配第三格，且必须放在名词或代词后面，意思是"依据"。根据 Mitteilung 为阴性名词，我们可知此处需要填写 Der。这里表达的是"根据赌博监管机构的通知"。

20. abzuholen。这里考查的是固定搭配 um...zu...，意为"为了……"，这里是在说"为了领取他的 229368.52 美元的奖金"，所以此处需要填写 abzuholen。

TEST 19

【解析】

Text A

1. A。这里考查的是 Wer..., (der)... 句式。根据分析我们发现主句缺少主语，则这里需要填写的是指示代词 der，所以 A 选项正确。关系词 der 作第一格时可以省略。

2. C。这里考查的是固定搭配 zum Ergebnis kommen，意思是"得出结论"，所以 C 选项正确。A、B 和 D 选项三个名词的意思依次为"许可""经历"和"认知"，均可排除。本句句意为"一份代表性调查得出这一结论"。

3. B。通过句意，我们知道这里所表达的是"在使用健身技术的人中，超过三分之二的从那以后体重减轻了"，所以我们选择 B 选项，其意为"从那以后"。A、C 和 D 这三个选项的意思分别为"通过""代替"和"以前"，故均错误。

4. D。阅读文章，我们明白这里是在说"根据自己的陈述，一半使用者都吃得更健康"，所以我们要用意为"根据"的介词 nach。

5. A。本句句意为"超过三分之一的人每天数他的步数"。题目中所给的四个动词的意思依次为"点，数""支付""叙述"和"支付"。根据本句句意，这里强调的是"计数"这层含义，所以 A 选项正确。

6. C。本句句意为"四分之一的人记录了他的卡路里消耗量，几乎同样多的使用者制定了一份训练计划"。题目中所给的四个动词的意思依次为"转换""制造""制定"和"订购"。根据本句句意，这里强调的是"制定"这层含义，所以 C 选项正确。

7. B。通过阅读文章和题目，我们发现句子为正语序。四个选项均可表示转折，allerdings、jedoch 和 trotzdem 都是副词，要占位，doch 不影响语序，故 B 选项为正确选项。这里表达的是"然而技术也有它的缺陷"。

8. D。这里考查的是分词定语。分析句子，zurücklegen 是及物动词，所以使用第二分词 zurückgelegt，表示被动意义，因此我们可以判断 D 选项正确。本句句意为"走过的步数没有被准确记录"。

9. D。本句句意为"此外几乎一半的人有这种感受，随着长期使用，该技术的吸引力会减弱"。题目中所给的四个动词的意思依次为"升动""转让""离开"和"减弱"。根据本句句意，这里强调的是"减弱"这层含义，所以 D 选项正确。

10. B。这里考查的是固定搭配 der Umgang mit jdm./ etw.，意为"处理，与……打交道"，我们要使用名词 Umgang，所以 B 选项正确。本句表达的是"此外超过一半的用户至少偶尔会担心人们如何处理他们用智能手机和健身追踪器所记录的个人数据"。

Text B

11. vor。这里考查的是搭配 (jdn.) (vor jdm./ etw.) warnen，意为"警告"。此句意为"联邦卫生部长于 5 月 3 日警告夏季新冠病例数量将会增加"。

12. über。这里考查的是固定搭配 über... hinaus，意思是"超越"。这里表达的是"并要求在 3 月 20 日之后保留影响深远的保护措施"。

13. seien。这里考查的是第一虚拟式的用法。结合上下文，我们发现这里是转述联邦卫生部长的发言内容，要使用第一虚拟式。根据 Sowohl die Delta- als auch die Omikron-Variante，我们可以判断出这里要填 seien。本句句意为"不仅德尔塔变异株，而且奥密克戎变异株也具有很强的传染性"。

14. gutem。这里是第三格，根据 Wetter 为中性名词，我们可知此处需要填写 gutem。这里表达的是"即便在天气好的时候"。

15. steigenden。这里考查的是分词作定语。分析句子，steigen 为不及物动词，这里表达的是"感染人数持续上升"，所以要使用第一分词，表示主动意义；此外大家还需要注意此处 steigend 的词尾为 -en。

16. müsse。这里考查的是第一虚拟式的用法。根据这里的 das Infektionsschutzgesetz 我们可以判断出这里要填 müsse。这里表示的是"感染保护法必须为此做好准备"。

17. Kraft。这里考查的是句型 etw. tritt in Kraft, 意为"（物作主语）生效"。本句表达的是"周五，放宽新冠疫情措施在联邦范围内生效"。

18. betreffen。这里是主动态，根据 die Lockerungen der Corona-Maßnahmen 是主语且为复数，我们可知此处需要填写 betreffen。这里表示的是"尤其涉及到餐馆、迪斯科舞厅和活动"。

19. sich。这里考查的句型为 sich (Pl.) (über etw. A) einig sein，所以空格处需要填写的是 sich。此处的意思为"联邦和州虽然意见一致"。

20. dessen。这里考查的是关系从句。分析句子，我们发现 Basisschutz 是关系词，且在从句中作 Ausgestaltung 的定语，要使用第二格；Basisschutz 为阳性名词，我们可知此处需要填写 dessen。这里表达的是"关于其详细的安排尚未达成一致"。

TEST 20

【答案】

1 ～ 5   ADCBD
6 ～ 10   BADCC
11 ～ 15 dazu / beendet / für / mehrerer / dass
16 ～ 20 werden / befragten / erschienenen / zur / verglichen

【解析】

Text A

1. A。这里考查的是关系从句。分析句子，我们发现 Zeit 是关系词，关系从句中缺少时间说明语，所以此处要用 wo 引导关系从句。本句句意为"一直跟随时尚潮流——在这样一个新款式货样每隔几周就被更换的时代？"

2. D。这里考查的是句型 etw. verwandelt sich in etw. (A)，意为"（物作主语）变成"。本句表达的是"快时尚如何变成绿色时尚？"

3. C。阅读文章，我们发现这里缺少后置定语，根据上文 in einen deutschen Kleiderschrank 可以判断这里需要填写代副词 darin。本句句意为"根据一项调查，衣柜中五分之一的衣服从未被穿过"。

4. B。这里考查的是从属连词。结合上下文，"纺织品的产量翻倍"与"衣服穿着时间减半"形成鲜明的对比，所以我们要用意思为"然而"的连词 während，故选项 B 正确。其余的三个选项都是副词，不符合语法规则，均可排除。

5. D。这里考查的是"vergleichen + A + mit"，所以我们要用 miteinander 这个词。这里表达的是"沃尔格穆特把这种衣服的新材料和塑料袋相互比较，并得出结论"。

6. B。这里考查的是形容词的比较级。通过以往的学习我们知道，noch (viel) 后接形容词的比较级，表示"（强调升级）更，还要"的含义，这里所说的是"更大的问题"，只有größeren符合句意。本句句意为"和塑料相比，化纤带来更大的问题"。

7. A。这里考查的是搭配 (etw.) zu etw. bei/tragen，意为"为……作出贡献"。选项 A 为正确选项。本句表达的是"此外，纺织品的生产很大程度会加剧气候变化"。

8. D。本句句意为"据计算，全球服装业在服装生产中造成的二氧化碳排放量相当于法国、德国和英国的总和"。题目中所给的四个名词的意思依次为"介绍""调整""转换"和"生产"。根据句意，这里强调的是"生产"这层含义，所以 D 选项正确。

9. C。这里考查的是同根词辨析。四个动词的意思依次为"随身携带""做""合并，概括"和"增加"。根据句意，这里强调的是"合并"这层含义，所以 C 选项符合句意。这里第二分词 zusammenge- nommen 作状语，具有被动意义。

10. C。通过阅读文章和题目，我们可以读出这里所表达的是"他们创立了自己的可持续性标签"。题目中所给的四个动词的意思依次为"制定""建设""创立"和"说明理由"。根据句意，这里强调的是"创立"这层含义，所以我们要用 gründen 这个词。

Text B

11. dazu。这里考查的句型为 zu etw. neigen，意思是"倾向于"。所以空格处需要填写的是代副词 dazu。

12. beendet。这句话表示"认为他们的个人发展已经结束"。这个句子是以 beenden 的第二分词 beendet 作宾语，具有被动完成的含义。

13. für。这里考查的是"Konsequenzen + für"，意思是"对……产生的后果"。这里表达的是"这一现象对长远的抉择有负面影响"。

14. mehrerer。这里是第二格，根据 Tests 为复数名词，我们可知此处需要填写 mehrerer。本句句意为"关于个性、价值观和偏好的多个测试的结果表明一个共同点"。

15. dass。这是一个宾语从句。根据分析，annehmen 在此处表示"假设"，我们发现宾语从句中不缺成分，则这里需要填写的是连词 dass。

16. werden。这里考查的是第一将来时的用法。根据 in den kommenden zehn Jahren 可以判断出这是第一将来时，表达说话人对某一事物的观点、看法和意愿，具有"会""要"等意义。这里表达的是"受访者均认为他们在未来十年内的变化要比过去十年少得多"。

17. befragten。这里考查的是分词作定语。根据句意，这里需要填写的是动词 befragen 的第二分词形式 befragt，意为"被采访的"；此外大家还需要注意此处 befragt 的词尾为 -en。本句句意为"据研究者的陈述，这一假设适用于所有受访年龄段的人"。

18. erschienenen。这里考查的是分词作定语。分析句子，erscheinen 为不及物动词，这里需要填写的是第二分词形式 erschienen，表示主动意义，意为"已经发表的"；此外大家还需要注意此处 erschienen 的词尾为 -en，这里表达的是"在科学杂志上已经发表的这项研究的参与者介于 18 岁和 68 岁之间"。

19. zur。这里考查的是搭配 jdn. (irgendwohin/ zu etw.) ein/laden，意为"约请，邀约"。本句表达的是"研究团队邀约参与在线问卷"。

20. verglichen。这句话表示"研究团队把现在 18 岁人的未来设想与现在 28 岁人过去十年的变化进行了比较"。这个句子使用了现在完成时，所以空格处需要填写的是动词的第二分词形式，即 verglichen。

TEST 21

【解析】

Text A

1. A。这里考查的是句型 etw. (an jdn.) weiter/geben，意为"把……传达，转告给某人"。选项 A 为正确选项。本句句意为"为了把知识和宝贵经验传授给有关部长和其他民防负责人"。

2. B。这里考查的是形容词名词化现象。介词 an 支配第四格，根据 andere 我们可以判断出这里要填 Verantwortliche。这里表达的是"其他民防负责人"。

3. D。通过阅读文章和题目，我们可以读出这里所说的是"因为仅从 1991 年到 2000 年在发展中国家和新兴国家大约 65 万人死于火山爆发、洪水或地震"。虽然这四个选项均意为"因为"，但其句子语序用法不同：A 和 C 选项用于尾语序，D 选项用于正语序，B 选项用于句中。所以我们要用 denn 这个词。

4. C。这里考查的是过去时现象。根据前面的 starben 我们可以判断出这里要填写过去时，而且 16000 (Menschen) 为句子主语，则要选择 C 选项。这里表达的是"在工业国家死亡人数为 16000 人"。

5. A。这句话表示"德国也受到影响"。分析句子，betreffen 为及物动词，这里使用了状态被动态，所以空格处需要填写的是第二分词，即 betroffen，我们选择 A 选项。

6. D。本句句意为"预警并不总是成功"。题目中所给的四个动词的意思依次为"战胜""胜利""赢得"和"成功"。根据本句句意，这里强调的是"成功"这层含义，所以 D 选项正确。

7. C。这里考查的是分词作状语。分析句子，我们发现单词中间没有空格，因而要使用 überraschend。本句句意为"在某些地方水位会上涨，这令人感到意外"。

8. A。这里考查的是时间状语从句。阅读文章，我们明白这里是表达的是"在 2002 年 7 月飓风低气压 Anita 造成多人死亡之后"，所以我们要用意为"在……之后"的连词 nachdem。

9. B。这里考查的句型为 jdm. etw. vor/werfen，所以空格处需要填写的是定冠词的第三格形式，故选项 B 正确。此处的意思为"德国气象局被指责没有正确预警"。

10. D。这里考查的是不定式形式。分析句子，warnen（警告）动作发生在 vorwerfen（指责）之前，所以要使用第二不定式 gewarnt zu haben。

Text B

11. wie。阅读文章，我们明白这里表达的是"大型连锁店北部和南部阿尔迪商业集团联盟，丽德和埃德卡已经观察和测试了新技术，像自助结账"，所以我们要用表示列举、举例的连词 wie。

12. einzuführen。这里考查的是可分动词的正确形式。分析句子，我们发现这里是状态被动态，缺少主语，因而要用带 zu 不定式，我们可知此处需要填写 einzuführen。本句句意为"然而，目前尚未计划引入这项技术"。

13. die。这里考查的是关系从句。分析句子，我们发现 Self-Checkout-Systeme 为关系词，从句中缺少介词 durch 支配的宾语，则要填写关系代词 die。这里表达的是"顾客自己通过该系统付钱买商品"。

14. kürzer。本句句意为"等待时间可以通过自助支付变得更短"。通过以往的学习我们知道，werden 后接形容词的比较级，表示"变得更……"的含义，因而这里要填写 kürzer。

15. eingelesenen。这里考查的是分词作定语。分析句子，einlesen 为及物动词，意思是"读入（数据，文件）"。这里需要填写的是第二分词形式 eingelesen，表示被动意义；此外大家还需要注意此处 eingelesen 的词尾为 -en，这里表达的是"顾客立即看到被读取的价格"。

16. vorherige。这里是第一格，根据 Anmeldung 为阴性名词，我们可知此处需要填写 vorherige。这里表达的是"有些系统要求事先登记个人数据"。

17. stehen。这里考查的是固定搭配 jdm. zur Verfügung stehen，意为"供某人支配、使用"，我们要使用动词 stehen。本句句意为"与英国相比，已经有超过 40000 台这样的收银设备可供使用"。

18. den。这里是第三格，根据 Niederlande 为复数名词，我们可知此处需要填写 den。这里表达的是"在荷兰"。

19. und。这里考查的是固定搭配 zwischen... und...，意为"在……之间"。本句句意为"在采购食物时用现金支付的德国顾客占比 53% 到 67% 之间，具体取决于商店规模"。

20. verloren。这里考查的是句型 etw. geht verloren，意为"（物作主语）丢失"。本句表达的是"如果要自助结账，许多人担心会丢掉工作岗位"。

TEST 22

【解析】

Text A

1. B。这里考查的是固定搭配 auf einer Wiese，意为"在草地上"，我们要使用介词 auf，所以 B 选项正确。

2. D。这里考查的是固定搭配 auf jdn./etw. zu/kommen，意为"（表示径直的方向）向某人 / 某物走来"。选项 D 为正确选项。本句表达的是"这时一群淘金者向他走来"。

3. A。阅读文章，我们明白这里考查的是固定搭配 etw. aus D fertigen，意为"用……制作"，所以我们要代副词 daraus。本句句意为"这些人最近从李维那里购买了一块厚布料，为了用其制作一顶帐篷"。

4. C。这里考查的固定搭配为 (jdm.) etw. versprechen，意思是"许诺某人……"，所以空格处需要填写的是人称代词的第三格形式，这里人称代词指代 die Männer，故选项 C 正确。这句话的意思是"不过材料并不像承诺的那么结实"。

5. A。这里考查的是分词作定语。分析句子，这里需要使用动词 retten 的第一分词形式 rettend，表示主动意义，句意为"然后他就有了那个补救的办法"。这里是第四格，根据 Gedanke 为阳性弱变化名词，我们可知此处需要填写 rettenden。

6. C。这里考查的是分词作定语。根据句意，这里需要填写的是动词 färben 的第二分词形式 gefärbt，表示被动意义，意为"被染成……色"；此外大家还需要注意此处 gefärbt 的词尾为 -er，这里表示的是"被染成蓝色的棉布"。

7. B。这里考查的是介词的用法。我们可以读出这里所说的是"在淘金者之间"，所以我们要用 unter 这个词。本句句意为"关于李维制作裤子的消息在淘金者之间像野火一样迅速传播开来"。
   注意： unter 表示处在一群人或一堆东西当中，常用的固定搭配有 unter vier Augen，指"两个人私底下"。

8. D。本句句意为"直到 1860 年他凭借它们几乎占领整个美国"。通过以往的学习我们知道，ganz 在无冠词的地名前不加词尾，这里所说的是"整个美国"，故 D 选项正确。

9. B。本句句意为"同时他想到用铜铆钉加固裤兜"。题目中所给的四个动词的意思依次为"延长""加固""缩短"和"加剧"。根据本句句意，这里强调的是"加固"这层含义，所以 B 选项正确。

10. D。这里考查的是固定搭配 etw. (für jdn./etw.) auf/bringen，意为"（为……）筹集"。选项 D 为正确选项。A、B 和 C 三个选项的意思依次为"安置""度过"和"教"，均不符合句意，可以排除。本句表达的是"因为他无法独自筹措 68 美元的专利申报费用"。

Text B

11. ein。这句话的意思为"首先我们想到冰这个词"。所以我们要用意思为"（物作主语）突然想到"的可分动词 ein/fallen，故此处需要填写 ein。

12. zur。这里考查的是固定搭配 im Vergleich zu，意为"和……比较"。这里是第三格，根据 Erdgeschichte 为阴性名词，我们可知此处需要填写 zur。这里表达的是"第二肯定想到与地质史相比，冰川以难以置信的速度退缩"。

13. sondern。这里考查的是固定搭配 nicht nur..., sondern auch...,

意为"不仅……，而且……"，我们要使用连词 sondern。本句句意
为"冰川大幅缩小，有没有可能不仅会导致当地的变化，而且随之带
来大气中空气运动的大面积改变呢"。

14. zu belegen。此句意为"冰的退缩还是很容易用卫星图像证明"。我
们在此之前就学习过"etw. ist + zu + Inf."结构，故此处需要填写
zu belegen。

15. komplizierter。本句句意为"而大气层的情况就要复杂得多"。通
过以往的学习我们知道，viel 后接形容词的比较级表示"……得多"
的含义，这里所表达的是"复杂得多"。

16. enthaltenen。当动词位于名词前充当定语时，我们必须先将动词变
为分词形式。根据句意，这里需要填写的是动词 enthalten 的第二分
词形式 enthalten，表示被动意义，意为"被包括在内的"；此外大
家还需要注意此处 enthalten 的词尾为 -en，这里表达的是"毕竟空
气以及其中所包含的温室气体是无法看见的"。

17. beträgt。这里是主动态，根据 sie 是主语且为第三人称单数，我们可
知此处需要填写 beträgt。这里表示的是"它共计 5 万亿吨"。

18. Auf。这里考查的是句型 etw. lastet auf jdm./etw.，意为"（物作主
语）压在，重压在……上"。此句意为"也就是说 10 吨空气笼罩在
每平方米的地面上"。

19. Höhe。这里考查的是由形容词派生的名词。根据这里的 in
beispielsweise 6, 12, 20 oder 50 Kilometern 我们可以判断出这里
要填 Höhe。这里表示的是"例如在海拔 6 公里、12 公里、20 公里
或者 50 公里的高度也有气候变化"。

20. durch。阅读文章，我们明白此处表达的是"这里的温度和湿度也
会通过我们的活动发生改变"，所以我们要用意为"通过"的介词
durch。

TEST 23

【答案】

1～5   CADBD
6～10   ABDCC
11～15   ist / greifenden / betrachtet / auf / einer
16～20   um / unterschiedlicher / besser / sich / davor

【解析】

Text A

1. C。本句句意为"像一辆卡车大且重达8吨"。题目中所给的四个形容词的意思依次为"硬的""高的""重的"和"困难的"。根据本句句意，这里强调的是"重的"这层含义，所以C选项正确。

2. A。这里是第三格，根据 Präzision 为阴性名词，我们可知此处需要填写 erreichter。这句话的意思是"自从两年以来，一位科学家以此前从未达到的精度观察臭氧层"。

3. D。这里是第一格，根据 Regionen 为复数名词，我们可知此处需要填写 welche。这里表达的是"哪些区域还可通行"。

4. B。这里考查的是固定搭配 etw. (in etw. A) investieren，意为"(向……)投入，投资"。选项B为正确选项。本句句意为"15个欧洲航天局成员国迄今为止向高科技中心投入大约10亿欧元"。

5. D。这里考查的是关系从句。分析句子，我们发现 Zentrum 为关系词，且需要使用关系代词第二格，我们可知此处需要填写 dessen。这里表达的是"高科技中心的名字最晚自从一次轰动任务以来在全世界广为人知"。

6. A。这里考查的是固定搭配 auf jdn./etw.(A) angewiesen sein, 意思是"依赖，指望"。B、C 和 D 三个选项中动词的意思依次为"证明""证实"和"让……参阅，注意"，均不符合句意。本句句意为"在专业圈，人们已经长期依赖达姆施塔特人的技能和知识"。

7. B。阅读文章，我们明白这里是表达的是"除主要的卫星控制之外，所有这些属于 850 名欧洲航空控制中心成员的任务"，所以我们要用意为"除……之外"的介词 neben。而 außer 表示"除去的不包括在内"，不符合句意，故排除。

8. D。这里是第一格，根据 Mitarbeiter 为阳性名词，我们可知此处需要填写 Jeder。这里表达的是"他们中的每一个人都是高精尖的专业人才"。

9. C。阅读文章，我们明白这里表达的是"卫星非常复杂，就像在太空的化工厂一样，人们必须完全地从地球远距离控制它们"，所以我们要用意为"从……"的介词 von...aus。

10. C。这里考查的是不定代词。分析句子，这里缺少主语，意为"任何事情都不允许出错"，我们要使用不定代词 nichts, 所以 C 选项正确。

Text B

11. ist。这里是现在完成时, 根据 eine Wirtschaftsstruktur 是主语且为名词单数，我们可知此处需要填写 ist。这里表示的是"统一 15 年后东德出现新的经济结构"。

12. greifenden。这里考查的是固定搭配 tief greifend, 意为"深远的"，这里是第一格，根据 Veränderungen 为复数名词，我们可知此处需要填写 greifenden。这里表达的是"这些深远的变化被视作机遇"。

13. betrachtet。这里考查的是分词作状语。根据句意，这里需要填写的是动词 betrachten 的第二分词形式 betrachtet, 表示被动意义，意为"被观察的"；此外大家还需要注意此处第二分词不作任何词尾变化，这里表达的是"远距离观察，德国统一如同一个奇迹"。

14. auf。这里考查的是固定搭配 auf Einladung kommen，意为"应邀"。此句意为"韩国的科学家和迈阿密的古巴人应德国马歇尔基金会的邀请"。

15. einer。这里考查的是同位语，也使用第二格，根据 Stiftung 为阴性名词，我们可知此处需要填写 einer。这里表达的是"一个促进美国和欧洲关系的基金会"。

16. um。这里考查的是固定搭配 um...zu...，意为"为了……"，这里是在说"为了研究两种历史上绝无仅有的政治、社会和经济截然不同制度的联合"，所以此处需要填写 um。

17. unterschiedlicher。这里是第二格，根据 Systeme 为复数名词，我们可知此处需要填写 unterschiedlicher。这里表达的是"截然不同的制度"。

18. besser。这里考查的是形容词的比较等级。通过以往的学习我们知道，noch 后接形容词的比较级表示"（强调升级）更，还要……"的含义。本句句意为"他们想知道可以从中学到什么或者甚至可以做得更好"。

19. sich。这里考查的是句型 jd. hat etw. (noch) vor sich (D)，意为"面临"。本句是表达的是"谁面临一个相似的挑战"。

20. davor。这里考查的是固定搭配"Respekt +vor (D)"，这里要填写代副词 davor 指代后面的从句。本句句意为"谁就要对此怀有尊重"。

TEST 24

【解析】

Text A

1. D。这里考查的是阳性弱变化名词的变格。根据这里的 bekanntesten 我们可以判断出这里要填 Architekten。这里表达的是"它能战胜英国最著名的建筑师诺曼·福斯特"。

2. C。这里考查的是不定代词。根据 Wahrzeichen 为中性名词，且为第四格，我们可知此处需要填写 eines。本句句意为"他曾凭借国会大厦上方的玻璃圆顶赋予首都最引人注目的地标之一"。

3. A。阅读文章，我们明白这里表达的是"建筑内部带有的弯曲画廊和露天台阶与大脑的弯曲结构相似"，所以我们要用意为"带有"的介词 mit。

4. B。这里考查的搭配 jdm./etw. in etw. (D) gleichen，所以空格处需要填写的是名词的第三格形式，故选项 B 正确。

5. D。阅读文章，我们明白这里表达的是"这是否使得在 630 个阅读座位上思考更容易"，所以我们要用意为"是否"的连词 ob。

6. B。这里考查的是分词作定语。根据句意，这里需要填写的是动词

faszinieren 的第一分词形式 faszinierend, 表示主动意义, 意为"迷人的"; 此外大家还需要注意此处 faszinierend 的词尾为 -en, 这里表达的是"在一座迷人的建筑物里"。

7. A。这是一个以 Gebäude 为关系词的关系从句。根据分析我们发现关系从句中缺少地点说明语, 则这里需要填写的是关系副词 wo。注意 wo 可用作关系副词, 它在从句里用来说明地方, 此句中的 wo 可用 in dem 替换。本句句意为"此前分散到 11 个图书馆的 70 万册图书在这里等待读者"。

8. D。阅读文章, 我们明白这里是在说"这座外部像是球形的圆顶小屋内部营造出一种集中工作的氛围", 所以我们要用意为"在外部"的副词 außen。

9. C。这里考查的是分词作定语。根据句意, 这里需要填写的是动词 computer/steuern 的第二分词形式 computergesteuert, 表示被动意义, 意为"被计算机控制的"; 此外大家还需要注意此处 computergesteuert 的词尾为 -en, 这里表达的是"借助被计算机控制制的窗户开合和供热系统"。

10. B。本句句意为"图书馆里的气温几乎可以全年自然调节"。题目中所给的四个动词的意思依次为"统治""调节""监督"和"支配"。根据本句句意, 这里强调的是"调节"这层含义, 所以 B 选项正确。

Text B

11. für。这里考查的是固定搭配 Grund für (A), 意为"……的原因", 我们要使用介词 für。

12. verteilt。当动词位于名词前充当定语时, 我们必须先将动词变为分词形式。根据句意, 这里需要填写的是动词 verteilen 的第二分词形式 verteilt, 表示被动意义, 意为"被分布的"。这里表达的是"被分布在全国的 372 所高等学校"。

13. wird。这里是无人称被动态。通过以往的学习, 我们知道在无人称被动态中, 谓语动词要按第三人称单数变位, 我们可知此处需要填写

wird。这里表达的是"进行学习和研究"。

14. beliebtesten。这里考查的是形容词最高级。根据前面的 auf Platz drei 我们可以判断出这是形容词最高级形式，这里形容词修饰 Studienländer，且为第二格，由此我们可以判断出此处要填 beliebtesten。这里表达的是"德国位列——继美国和英国之后——第三位最受欢迎的留学国家"。

15. um。这里考查的是句型 sich (um etw.) bemühen，意为"努力，尽力，竭力争取"。本句句意为"大学和高等专科学校竭力争取更大程度的国际化"。

16. durch。阅读文章，我们明白这里是在说"例如通过引入国际同等学历，如学士和硕士，或通过用英语授课的大学课程"，所以我们要用意为"通过"的介词 durch。

17. denen。这里考查的是关系从句。分析句子，我们发现 Studiengänge 为关系词且为复数，介词 von 支配第三格，我们可知此处需要填写 denen。这里表达的是"德意志学术交流中心在此期间从中列出大约 300 个特别适合外国大学申请者的大学课程"。

18. muss。这句话表达的是"人们不一定要会说德语"。这里有否定词，要使用情态动词 müssen，表示"不必"，且这里使用了主动态，所以空格处需要填写的是情态动词的第三人称单数形式，即 muss。

19. aufzunehmen。这里考查的是固定搭配 um... zu...，意为"为了……"，这里表达的是"为了在德国开始大学学业"，所以此处需要填写 aufzunehmen。

20. bevölkerungsreichste。这里考查的是形容词最高级现象。根据后面的 der EU 我们可以判断出这是形容词最高级形式，且 Land 为单数第一格，由此可知，此处要填 bevölkerungsreichste。这里表达的是"因为德国是欧盟范围内人口最多的国家"。

TEST 25

【答案】

1～5   ACBDB
6～10   CADCB
11～15 Davon / Entwurf / miteinander / wie / Am
16～20 Namen / fertiggestellt / nächsten / würde / zum

【解析】

Text A

1. A。这里考查的是动词的词义辨析。题目中所给的四个动词的意思依次为"上升""使增强""下降"和"降落"。结合下文中的stressig，我们可以判断这里表示的是"上升"这层含义，所以 A 选项正确。本句句意为"德国学校和日托托儿所的感染人数迅速上升"。

2. C。这里考查的是固定搭配 unter Druck stehen，意为"处在压力之下"，我们要使用动词 stehen，所以 C 选项正确。

3. B。通过句意，我们知道这里所表达的是"一方面是（人们）在那种情况下对于学校和日托托儿所再次关闭或者陷入一个隔离的死结的恐惧，另一方面还是当地与之相关的混乱"，所以我们选择 B 选项，其意为"一方面……另一方面"。A、C 和 D 这三个选项的意思依次为"越……越""既……又""不仅……而且"，故均错误。

4. D。这里考查的是分词作定语。根据句意，这里需要填写的是动词 verbinden 的第二分词形式 verbunden，表示被动意义，意为"与之相关的"；此外大家还需要注意此处 verbunden 的词尾为 -e。

5. B。这里考查的是条件状语从句。题中所给的四个选项的意思依次为"在……之前""当……时候；如果""在……期间；然而""在……

之后"。阅读文章，我们明白这里表达的是"如果它对保障（教学）节奏、教育内容和社会交往作出贡献"，所以我们要用表示条件的连词 wenn。

6. C。这里考查的是带 zu 的不定式作定语现象。根据句意我们可以判断出这是带 zu 的不定式作定语修饰 Angst。A、B 和 D 三个选项均为不定式作状语，故可以排除。这里表达的是"比如对于如果自己检测阳性必须马上回家的担心"。

7. A。阅读文章，我们明白这里表达的是"在接下来几天整个生活马上就会完全不同"，所以我们要用意为"不同"的连词 anders。

8. D。这里考查的是句型 etw. liegen lassen，意为"搁下，撂下（工作）"。选项 D 为正确选项。本句句意为"人们必须撂下工作岗位上的一切"。

9. C。这是一个以 Schulen 为关系词的关系从句。分析句子，我们发现关系从句中缺少地点说明语，则这里需要填写的是关系副词 wo。这句话的意思是"在没有保护措施的学校，情况就是病毒肆虐，同时对于人们可以做什么以便保护自己又没有明确的界限"。
注意： wo 可用作关系副词，它在从句里用来说明地方，此句中的 wo 可用 in denen 替换。

10. B。这里考查的是分词作表语。题中所给的两个动词 belasten 和 entlasten 意思分别为"给……带来压力""减轻……负担"。阅读上下文，我们可以读出这里所表达的是"这一切给人带来最大限度的压力"，所以我们要选用 belasten，且使用第一分词。
注意： 分词作表语时，通常第一分词修饰事物，第二分词修饰人。

Text B

11. Davon。动词 träumen 需要支配介词 von，所以此处需要填写代副词 Davon。本句句意为"全世界的大城市人都梦想有一个在屋顶上方的游泳池"。

12. Entwurf。这里考查的是由动词派生的名词。根据这里的 den 我们可以判断出这里要填 Entwurf。这里表达的是"一家企业介绍了一个游泳池的设计方案"。

13. miteinander。这里考查的是固定搭配 verbinden etw. mit etwa.，意思是"把……和……相连接"。阅读文章，我们明白这里表达的是"它（游泳池）把两个房屋屋顶相互连接"，此处意为"相互"的副词 einander 要与介词 mit 连在一起书写。

14. wie。阅读文章，本句动词 aussehen 意思是"看起来"，这里把"天空泳池"和"桥梁"作类比，所以我们要用意为"像"的连词 wie。本句句意为"它看起来像横跨在高空的一座桥"。

15. Am。这里考查的是介词的用法。Ufer 经常与"介词 an+D/A"搭配，这里表达的是"在岸边"，我们要使用 am。

16. Namen。这里是第三格，根据 Name 为阳性弱变化名词，我们可知此处需要填写 Namen。这里表达的是"名为'大使馆花园'的豪华公寓"。

17. fertiggestellt。第二分词短语作状语时，需置于句首，分词短语之后，也需加逗号。根据句意，这里需要填写的是动词 fertig/stellen 的第二分词形式 fertiggestellt，表示被动意义，意为"竣工的"；此外大家还需要注意此处第二分词不作任何词尾变化，这里表达的是"一旦竣工"。

18. nächsten。这里考查的是形容词的最高级。根据句意，这里表达的是"住户可以从一个露台游向最近的一个露台"，因而要使用最高级形式。介词 zu 支配第三格，根据 Dachterrasse 为阴性名词，我们可知此处需要填写 nächsten。

19. würde。这里考查的是第二虚拟式。als/als ob 使用第二虚拟式，表示非现实的比较，所以空格处需要填写的是助动词 werden 的第三人称单数形式，即 würde。这句话的意思是"即使这个长 27 米的游泳池位于两个屋顶上，只在中间像一座横跨在空中的桥，但对于下面的行人来说，它好像漂浮一样"。

20. zum。阅读文章，我们明白这里表达的是"遗憾的是届时根本没有足够的时间去省钱"，所以我们要用表示目的的介词 zu。根据 Sparen 为中性名词，我们可知此处需要填写 zum。

TEST 26

【答案】

1 ~ 5	DBCAD
6 ~ 10	BACDC
11 ~ 15	bunte / durch / Angeregt / um / mit
16 ~ 20	in / aus / darauf / ganz / großem

【解析】

Text A

1. D。通过句意，我们知道这里所说的是"如果没有外国人，德国会减少800多万人"，所以我们选择D选项，其意为"较少的"。A、B和C这三个选项的意思分别为"较大的""较小的""较多的"，故均错误。

2. B。本句句意为"如果所有有移民背景的人都离开这个国家"。题目中所给的四个动词的意思依次为"允许""离开""转让"和"解雇"。根据本句句意，这里强调的是"离开"这层含义，所以B选项正确。

3. C。这里考查的是被动态。verzichten为不及物动词，根据句意，这里要使用被动态。带有情态动词的被动态由"情态动词 + 第二分词 + werden"构成，所以我们选择C选项。本句句意为"那么就必须放弃每年500亿欧元的税收收入"。

4. A。本句句意为"许多行业，如在餐饮业或汽车行业里，都会崩溃"。题目中所给的四个动词的意思依次为"崩溃，倒塌""犯罪""呕吐"和"爆发"。根据本句句意，这里强调的是"崩溃"这层含义，所以A选项正确。

5. D。这句话的意思为"在经济方面，当时的移民可以被评价为积极的"，所以我们要用意思为"积极的"的形容词 positiv，故选项 D 正确。其余的三个选项均不符合句意，可以排除。

6. B。本句句意为"对德国国民经济来说，可能意味着一个巨大的收益"。题目中所给的四个动词的意思依次为"关掉，停放""意味着；展示""建造，制成"和"调整"。根据本句句意，这里强调的是"意味着"这层含义，所以 B 选项正确。

7. A。这里考查的是形容词名词化。通过阅读文章和题目，这里表示"受雇佣的人"，所以我们要选择第二分词 beschäftigt，而且此处为第二格，beschäftigt 要加词尾 -en。这句话的意思是"医院中几乎 50% 的从业人员都是外国人"。

8. C。结合上下文，这里表达的是"越来越多"，所以 C 选项正确。本句句意为"在移民企业里产生了越来越多的就业岗位和培训名额"。

9. D。这里考查的是复合连词 nicht nur... sondern auch...，意思是"不仅……而且……"。这句话的意思是"不仅在餐饮或贸易行业，而且在现代产业"。

10. C。这里考查的是宾语从句。分析句子，这里动词 zeigen 缺少宾语，所以用 dass 引导从句。本句句意为"研究表明，移民经济是西南地区经济的一个尤其充满活力的部分"。

Text B

11. bunte。这里是第四格，根据 Rucksäcke 为名词复数，我们可知此处需要填写 bunte。这里表达的是"背着五颜六色书包的年轻人"。

12. durch。阅读文章，我们明白这里表达的是"成群结队地漫步在亚琛的庞维尔特尔"，所以我们要用意为"穿过"的介词 durch。

13. Angeregt。阅读文章，我们明白这里表达的是"他们热烈地用阿拉伯语、英语、德语交谈"，所以我们要用意为"热烈地"的副词 angeregt。

14. um。这里考查的是固定搭配 rund um etw. (A)，表示"围绕……"，所以此处需要填写介词 um。这句话的意思为"城中之城早已围绕古老的大学核心出现"。

15. mit。这里考查的是搭配 etw. wechselt sich mit etw. ab，意为"（物作主语）交替出现"。本句句意为"外观华丽的老建筑与功能齐全的附属建筑交替出现"。

16. in。这里考查的是搭配 sich. (in etw. A) ein/schreiben，意为"注册，登记"。本句表达的是"如今，大约 29000 名大学生在这里的 85 个大学专业注册入学"。

17. aus。这里考查的是固定搭配 aus dem Ausland kommen，表示"来自国外"，所以此处需要填写介词 aus。本句句意为"他们当中 17% 的大学生来自国外"。

18. darauf。这里考查的是搭配 stolz (auf jdn./etw.) sein，意为"自豪的，骄傲的"，所以此处需要填写代副词 darauf。这句话的意思是"这位大学校长对此感到自豪"。

19. ganz。本句句意为"整个德国大多数未来的电气工程师和机械工程师在亚琛学习"。通过以往的学习我们知道，ganz 在无冠词的地名前不加词尾，这里所表达的是"整个德国"。

20. großem。这里是第三格，根据 Abstand 为阳性名词，我们可知此处需要填写 großem。本句句意为"（亚琛工业大学）遥遥领先于位于慕尼黑、卡尔斯鲁厄、达姆施塔特和柏林的工业大学"。

TEST 27

1～5　　ABDCD
6～10　　BADCC
11～15　　überraschend / dazu / Mitteleuropas / häufiger / während
16～20　　geschaffen / wo / schwerer / die / dass

【解析】

Text A

1. A。这里考查的是数量的表达方式。我们可以读出这里所表达的是"每三个（学生）中有一个"，所以我们要用 dritte 的名词化形式，所以要大写，故 A 选项正确。
   注意: 此处也可以用 ein Drittel 来替换。alle 加基数词表示"每（隔）"，如 alle drei Monate 每三个月。

2. B。本句句意为"这是外交部进行的'2020 年全球范围内德语作为外语'的调查结果"。题目中所给的四个名词的意思依次为"许可""结果""经历"和"知识"。根据本句句意，这里强调的是"结果"这层含义，所以 B 选项正确。

3. D。这里考查的是固定搭配"Interesse + an(D)"，意思是"对……的兴趣"。这句话的意思为"在巴西的学校里，（学生）对德语的兴趣很大"。

4. C。这句话表示"然而只有少数的师资受到培训"。这个句子是使用了以 werden 为助动词的过程被动态，所以空格处需要填写的是助动词 werden 的第三人称复数形式，即 werden，我们选择 C 选项。
   注意: 这里的 es 起占位作用，必须置于句首，动词的变位形式则须按主语的单复数而定，如要把句中的某个成分置于句首，则须去掉 es。

5. D。通过句意，我们知道这里所表达的是"原因在于德福领域缺乏培训机会，此外这个职业的声誉不好"，所以我们选择D选项，其意为"另外"。A、B和C这三个选项的意思分别为"然而""尽管如此""代替"，故均错误。

6. B。这里考查的是形容词名词化。根据这里的 viele，且这第一格，我们可以判断出这里要填 Deutschlernende。这里表达的是"许多德语学习者，师资却很少"。

7. A。这里考查的是固定搭配 den Bedarf an jdm./etw. decken，意为"满足对某人 / 某物的需要"。选项 A 为正确选项。本句句意为"如何满足对德语师资的需求？"

8. D。这里考查的是固定搭配 sich (A) etw. (G) annehmen，意为"开始，着手，操持"，所以 D 选项正确。A、B 和 C 三个选项动词的意思依次为"做""接管""接待，录取"，均不符合句意，可以排除。

9. C。这里考查的是不定式作状语。分析句子，这里缺少目的状语，要使用 um... zu... ，意为"为了……"，所以此处选择 C 选项。这里表达的是"主要为了确保德国国外学校和组织德语语言证书考试的学校的课程质量，它们提供师范专业以及有关学校教育的职业培训和继续教育"。

10. C。本句句意为"南美洲的学校由德国国外学校教育司资助或者同时受到人员和经济方面的支持"。题目中所给的四个名词的意思依次为"运送""要求""支持，促进"和"要求"。根据本句句意，这里强调的是"支持"这层含义，所以 C 选项正确。

Text B

11. überraschend。这里考查的是分词作表语。根据句意，这里需要填写的是动词 überraschen 的第一分词形式 überraschend，表示主动意义，意为"令人惊讶的"；此外大家还需要注意此处第一分词不作任何词尾变化，这里表达的是"听起来令人惊讶"。

12. dazu。这里考查的搭配为 zu etw. fähig sein，表示"有能力做……"

所以空格处需要填写的是代副词 dazu。这句话的意思是"森林可以转移它所在的区域"。

13. Mitteleuropas。这里考查的是地名变格。国名、城市名和地名可置于被修饰词之前或之后，如在被修饰词之前，不需加冠词，否则要加定冠词，仅第二格加词尾 -s，故此处需要填写 Mitteleuropas。这里表达的是"让我们回到一万年前的中欧历史"。

14. häufiger。本句句意为"更加温和的气候愈发频繁地自南而来"。通过以往的学习我们知道，immer 后接形容词的比较级表示"越来越……"的含义，这里所表达的是"越来越频繁的"。

15. während。阅读文章，我们明白这里表达的是"橡树的最佳栖息地正在慢慢向北移动，然而对于这种来说欧洲南部变得过于温暖和过于干燥"，所以我们要用意为"然而"的连词 während。

16. geschaffen。这里考查的是现在完成时。分析句子，我们可以判断出这里要填 schaffen 的第二分词形式，且这里 schaffen 表示"创造"，其第二分词为 geschaffen。这里表达的是"在冰河时代后，这种气候变化不仅创造了栖息地"。

17. wo。这是一个以 Lebensräume 为关系词的关系从句。根据分析，我们发现关系从句中缺少地点说明语，则这里需要填写的是关系副词 wo。

18. schwerer。本句句意为"而且使他们在其他地区的生存变得困难得多"。通过以往的学习我们知道，viel 后接形容词的比较级表示"……得多"的含义，这里所表达的是"困难得多"。

19. die。这是一个以 Bäume 为关系词的关系从句。根据分析，我们发现关系从句中缺少主语，则这里需要填写的是关系代词 die。本句句意为"这意味着，在冰河时代末期，那些只在南欧生存的树，如今已经往北大约 1000 公里"。

20. dass。这里考查的是宾语从句。分析句子，我们发现这里缺少引导宾语从句的连词，根据句意，这里需要填写的是连词 dass。这句话的意思是"从中人们可以看出，经过几千年，栖息地可能会有明显的变化"。

TEST 28

【解析】

Text A

1. D。这里考查的是形容词最高级。根据前面的 bisher 我们可以判断出这是形容词最高级形式，根据这里的 den 我们可以判断出此处要填 heißesten。这里表示的是"自有气象记录以来欧洲经历了迄今最热的夏天"。

2. B。通过句意，我们知道这里所表达的是"主要是孩子们能因为夏天的炎热享用一些东西，冷饮店做着他们赖以生存的生意"，所以我们选择 B 选项，其意为"主要是"。A、C 和 D 这三个选项的意思分别为"不久前""长久以来""非常"，故均错误。

3. C。这里考查的是句型"je + 比较级，desto/umso + 比较级"，意为"越……越……"。选项 C 为正确选项。本句句意为"人们越接近大城市中心及城市和工业密集区，高温变得越难以忍受"。

4. A。这里考查的是搭配 unter etw. (D) leiden，意为"受……之苦"。选项 A 为正确选项。本句表达的是"特别是法国持续数周忍受 30 度到 35 度之间的气温"。

5. C。这里考查的是动词词义辨析。题中所给的四个动词意思依次为"增加""接管""吸收，录取""接受，收养；假设"。根据句意，这里需要填写的是动词 aufnehmen 的第二分词形式 aufgenommen，意为"被吸收的"；此外大家还需要注意此处 aufgenommen 的词尾为 -e，本句句意为"因为建筑物上的水泥和石块将白天所吸收的热量释放到周围"。

6. A。这句话的意思为"不仅对外，而且对内"。所以我们要用意思为"外面"的副词 außen，故选项 A 正确。

7. D。这里考查的是结果状语从句。结合上下文，我们明白这里表示因果关系，所以我们要用连词 so dass。本句句意为"这使得公寓里一夜又一夜地变暖了"。

8. C。这里考查的是固定搭配 von...an，意为"从……起"，所以 C 选项正确。

9. B。这里考查的是句型 etw. liegt bei...，意为"数值是"，故选项 B 为正确选项。本句表达的是"2003 年 8 月巴黎夜间最低气温有时甚至超过 25 度"。

10. D。这里考查的是句型"etw. ist zu + Inf."，意为"（物作主语）可能被、必须被"，故选择 D 选项。本句表达的是"健康睡眠是不可能的"。

Text B

11. gekleidet。第二分词短语作状语时，需置于句首，分词短语之后也需加逗号。根据句意，这里需要填写的是动词 kleiden 的第二分词形式 gekleidet，表示被动意义，意为"着装"；此外大家还需要注意此处第二分词不作任何词尾变化，这里表达的是"着装合适"。

12. wie。这里考查的是搭配 wie jd./etw. aus/sehen，意为"外貌神情看上去与……相像"。本句句意为"纳西尔看起来像一个年轻的银行家"。

13. für。阅读文章，我们明白这里表达的是"他属于难民语言学校的模范学生"，所以我们要用表示所属关系的介词 für。

14. fließendes。当动词位于名词前充当定语时，我们必须先将动词变为

分词形式。根据句意，这里需要填写的是动词 fließen 的第一分词形
式 fließend，意为"流利的"；此外大家还需要注意此处 fließend
的词尾为 -es，这里表达的是"有时他切换成流利的英语"。

15. dem。这里考查的是同位语。通过以往的学习我们知道同位语一般使
用相同的格。这里介词 in 支配第三格，根据 Nachbarland 为中性名
词，我们可知此处需要填写 dem。这里表达的是"阿富汗的邻国"。

16. Afghanen。这里考查的是阳性弱变化名词的变格形式。动词
zulassen 支配第四格，由此可以判断，介词 als 后面的名词也要使用
第四格，因此这里要填 Afghanen。本句句意为"人们反正不准许他
作为阿富汗人进入大学"。

17. flohen。这里考查的是动词的时态。分析句子，时间状语从句使用了
一般过去时，主句也要使用过去时，所以空格处需要填写的是动词
fliehen 的第三人称复数形式，即 flohen。这句话表达的是"当纳西
尔 9 个月大的时候，他的父母从阿富汗逃到了伊朗"。

18. dass。这里考查的是由 so...dass... 引导的结果状语从句。主句中有
副词 so，我们可以判断出这里要填 dass。这里表达的是"然而他在移
民的国家伊朗也很少感到自己受欢迎，以至于他从未把它称为他的家
乡"。

19. Obwohl。阅读文章，我们明白这里表达的是"虽然俄罗斯军队于
1989 年撤出"，所以我们要用意为"虽然"的连词 Obwohl。

20. versank。这里考查的是动词的时态。分析句子，让步状语从句使用
一般过去时，主句也要使用过去时，所以空格处需要填写的是动词
versinken 的第三人称单数形式，即 versank。本句句意为"但是该
国陷入了混乱"。

TEST 29

【解析】

Text A

1. D。本句句意为"职业学校被安排在一处旧建筑里"。题目中所给的四个动词的意思依次为"安装""教""带来"和"安置"。根据本句句意，这里强调的是"安置"这层含义，所以 D 选项正确。

2. B。阅读文章，我们明白这里表达的是"尽管如此，一名学生在这儿上课"，所以我们要用意为"尽管如此"的副词 trotzdem。

3. C。这里考查的是搭配 auf jdn./etw. angewiesen sein，意为"依靠"，故选项 C 为正确选项。本句句意为"一名依靠轮椅的学生"。

4. A。这里考查的是搭配 jdn. von etw. ab/halten，意为"妨碍，阻止"，因此这里选择 A 选项。本句表达的是"这并不能阻止这个年轻人申请这里"。

5. D。这里考查的是不定式作状语。分析句子，这里表示目的，所以选择 um...zu...，意为"为了……"。本句句意为"为了将他的课时安排得尽可能简单"。

6. A。本句句意为"他的课程主要在一层进行"。题目中所给的四个动词的意思依次为"阻止；举行""使停住""谈论；消遣"和"行为举止"。根据本句句意，这里强调的是"举行"这层含义，所以 A 选项正确。

7. C。通过阅读文章和题目，我们先行排除 A 和 D 选项，其用法本身就是错误的；此外我们可以读出这里所说的是"我们不知道去哪上课"，所以我们要用 wohin 这个词。

8. B。本句句意为"幸好带电梯的体育馆位于学校的正对面"。题目中所给的四个副词的意思依次为"例如""幸好""试验性地"和"逐步地"。根据本句句意，这里强调的是"幸好"这层含义，所以 B 选项正确。

9. D。阅读文章，我们明白这里表达的是"虽然这不是太豪华，但是对于过渡来说它足够了"，所以我们要用意为"虽然……但是……"的复合连词 zwar... doch...。

10. B。这里考查的是形容词名词化。根据前面的 junge 我们可以判断出这里要填 Erwachsene。这里表达的是"她的学校管理层尽一切努力确保身体残疾的年轻人也能在这里上学"。

Text B

11. hellem。这里是第三格，根据 Licht 为中性名词，我们可知此处需要填写 hellem。这里表达的是"一个大厅在明亮灯光的照射下"。

12. wo。这是一个以 Schränke 为关系词的关系从句。根据分析我们发现关系从句中缺少地点说明语，则这里需要填写的是关系副词 wo。这里表达的是"两米高的带玻璃门的柜子在那里依次排列，柜子里挂着许多小黑匣子"。

13. hohe。这里考查的是形容词的变格形式。分析句子，这里 Wände 是第一格，且为复数名词，我们可知此处需要填写 hohe。这里表达的是"若干面高高的墙壁"。

14. denen。这里考查的是关系从句。分析句子，Wände 为关系词，介词 zwischen 在此处支配第三格，所以空格处需要填写 denen。这句话表达的是"机器人在墙壁之间将黑匣子从一个地方运送到另一个地方"。

15. kommenden。当动词位于名词前充当定语时，我们必须先将动词变为分词形式。根据句意，这里需要填写的是动词 kommen 的第一分词形式 kommend，表示主动意义，意为"未来的"；此外大家还需要注意此处 kommend 的词尾为 -en，这里表达的是"在像这样的计算中心，未来几十年的天气被测算"。

16. der。这里考查的是同位语。此处介词 in 支配第三格，因而 Hafenstadt 也要使用第三格，且其为阴性名词，我们可知此处需要填写 der。这里表达的是"也在汉堡——德国最大的港口城市"。

17. entwickelt。这里考查的是状态被动态。根据这里的 ist 我们可以判断出这里要填 entwickelt。这里表达的是"没有一个气候模型是完美或完全成熟的"。

18. was。这里考查的是关系从句。分析句子，我们发现前面整个句子作关系词，且关系从句缺少主语，因而用 was 来引导关系从句。本句句意为"然而这并不意味着他们不能给我们提供重要的指示"。

19. Hinweise。这里是第四格，根据 keine wichtigen，我们可知此处需要填写 Hinweise。

20. wie。这里考查的是定语从句。分析句子，此处从句作定语修饰 Hinweise，动词 aussehen 一般与形容词连用，所以我们要用意为"如何，怎样"的连词 wie。本句句意为"我们的未来可能如何"。

TEST 30

1～5   CBDAC
6～10   BADBC
11～15 passende / zu / ob / mit / interessierten
16～20 Vormittage / damit / dass / Zustimmung / niemandem

【解析】

Text A

1. C。阅读文章，我们明白这里是在说"德国在全球重要技术方面处于领先地位"，所以我们要用意为"在前面"的副词 vorn。

2. B。这里考查的是句型 etw. gilt für jdn./etw.，意为"（物作主语）适用于"，故选项 B 为正确选项。本句表达的是"这适用于传统领域如汽车制造、自动化技术、化学和光学技术"。

3. D。这里考查的是分词作表语。这句话表达的是"因此德国在激光技术领域领先世界"。根据句意，这里要使用 führen 的第一分词作表语，表示主动意义，意为"领先的"。

4. A。本句句意为"它主要投资具有高创新潜力的领域"。题目中所给的四个动词的意思依次为"具有""占用""统治；掌握"和"战胜"。根据本句句意，这里强调的是"具有"这层含义，所以 A 选项正确。

5. C。这里考查的是分词作定语。分析句子，这里需要填写的是动词 erwähnen 的第二分词形式 erwähnt，表示被动意义，意为"被提及的"；此外大家还需要注意此处 erwähnt 的词尾为 -en。这句话的意思是"这包括已经被提到的光学技术和纳米技术"。

6. B。本句句意为"安全研究同样重要"。题目中所给的四个副词的意思依次为"在最好的情况下""同样""无论如何"和"绝不"。根据本句句意，这里强调的是"同样"这层含义，所以 B 选项正确。

7. A。这里考查的句型为 etw. nutzt (jdm./etw.) (etwas/viel)，所以空格处需要填写的是名词的第三格形式，故选项 A 正确。此处的意思为"决定性因素最终是，我们有针对性地支持那些在当今世界真正造福人类的领域"。

8. D。这是一个以 dass 为引导词的主语从句。分析句子，我们发现从句中缺少从属连词，且不缺少成分，根据句意，我们可以判断这里需要填写的是引导词 dass，故 D 选项正确。本句句意为"然而，德国政府也必须为此努力，这一点也很明确"。

9. B。本句句意为"因此它启动了 60 亿计划"。题目中所给的四个副词的意思依次为"但是""因此""尽管如此"和"可是"。根据本句句意，这里强调的是"因此"这层含义，所以 B 选项正确。

10. C。这里考查的搭配为 (jdm.) etw. vor/stellen，所以空格处需要填写的是定冠词的第三格形式，故选项 C 正确。这句话的意思为"联邦教育和研究部正在研发一项高科技战略，该战略不久后将向公众展示"。

Text B

11. passende。当动词位于名词前充当定语时，我们必须先将动词变为分词形式。根据句意，这里需要填写的是动词 passen 的第一分词形式 passend，表示主动意义，意为"合适的"；此外大家还需要注意此处 passend 的词尾为 -e。这里表达的是"为了找到一所合适的日托托儿所"。

12. zu。这里考查的是句型"jd. ist verpflichtet, (etw.) zu + Inf."，意为"某人有义务做某事"，所以这里需要填写 zu。

13. ob。这里考查的是宾语从句。分析句子，我们发现这里缺少引导宾语从句的连词，这里表达的是"我作为母亲会仔细看幼儿园是否真的愿意"，所以我们要用意为"是否"的连词 ob。

14. mit。这里考查的是搭配 unzufrieden (mit jdm./sich/etw.) sein,
    意为"（对……）不满意的"。本句句意为"如果孩子没有被适度照
    顾，那么父母也许会对这种情况非常不满意"。

15. interessierten。当动词位于名词前充当定语时，我们必须先将动词
    变为分词形式。根据句意，这里需要填写的是动词 interessieren 的
    第二分词形式 interessiert，意为"感兴趣的"；此外大家还需要注
    意此处 interessiert 的词尾为 -en，这里表达的是"多位家长和一位
    同事面试感兴趣的家长"。

16. Vormittage。通过以往的学习我们知道表示时间的词作状语要使用第
    四格，前面有数字 zwei，我们可知此处需要填写 Vormittage。这里
    表达的是"孩子们旁听至少一两个上午"。

17. damit。这里考查的是目的状语从句。阅读文章，我们明白这里表达
    的是"也为了确保"，所以我们要用意为"为了"的连词 damit。

18. dass。这里考查的是主语从句。分析句子，我们发现被动句缺少主语，
    这里从句作主语，根据句意，我们可以判断这里需要填写的是引导词
    dass。本句句意为"他们在小组中是否觉得舒服，已经在托儿所受到
    照顾的孩子是否能和他们相处"。

19. Zustimmung。这里考查的是由动词派生的名词。根据这里的 ohne
    我们可以判断出这里要填 Zustimmung。这里表示的是"未经整个
    团队和家长的同意，我们不能接受任何人"。

20. niemandem。这里考查的搭配为 (jdm.) etw. ab/sagen，意为"拒绝，
    回绝"，所以空格处需要填写的是不定代词的第三格形式，所以这里
    需要填写的是 niemandem。这句话的意思是"截至目前，一切总是
    很顺利，幸运的是，我们不必回绝任何愿意来我们这里的人"。

TEST 31

1～5　　CACBB
6～10　　DACBD
11～15　　empfängt / diesjährigen / als / Unter / die
16～20　　einer / auf / Museen / verstärkt / international

【解析】

Text A

1. C。这里考查的是状态被动态。通过以往的学习，我们知道状态被动态由"sein + 动词的第二分词"构成。选项中所给的 bedrücken 的意思是"使人感到压抑"，beeindrucken 的意思是"给人留下印象"。阅读文章，我们发现这里表达的是"来自德国的研究者所取得的成就，一再让人们印象深刻"。由此可以判断，C 选项正确。

2. A。这里考查的是固定搭配 erkennen etw./jdn. an (D)，意为"从……辨认某物或某人；看出，断定"。B、C 和 D 三个选项的意思依次为"获悉""了解，打听""知道"，均不符合句意，可以排除。本句句意为"比如人们可以从大量的科学著作看出，许多来自德国的科学家在全世界当然也处于领先地位"。

3. C。这里考查的是分词作状语。分析句子，vergleichen 为及物动词，此处要使用其第二分词形式 verglichen，表示被动意义，意为"被比较"；此外大家还需要注意此处 verglichen 不作词尾变化。这里表达的是"和其他欧洲国家相比"。

4. B。阅读文章，我们发现这里表达的是"与此相关，人文科学和文化学扮演非常重要的角色"。题目中所给的四个名词的意思依次为"帘子，幕布""关联""附录"和"斜坡"。根据本句句意，这里强调的是"关联"这层含义，所以 B 选项正确。

5. B。这里考查的是带 zu 不定式的用法。分析句子，我们发现这里带 zu 不定式作定语，修饰 Möglichkeit，由此可以判断，B 选项为正确选项。其他三个选项均可以和带 zu 不定式搭配，作状语。这句话的意思是"他们提供了使自然科学融入社会的可能性"。

6. D。这里考查的是主语从句。阅读文章，我们发现这里缺少主语，从句在此处作主语；从句中缺少表示方式的状语，因此选择 D 选项。本句句意为"它如何运行，这绝对是一个有趣的问题"。

7. A。这里考查的是固定搭配 in Schwierigkeiten geraten，意为"陷入困境"，故 A 选项正确。这里表达的是"人们几乎看不到人文科学和文化学陷入困境的危险"。

8. C。阅读文章，我们发现这里表达的是"人们无论如何都会继续加大对人文科学和文化学的支持"。题目中所给的四个动词的意思依次为"翻新，改建""建设，搭起""扩建，扩大"和"减少"。根据本句句意，这里强调的是"扩大"这层含义，所以 C 选项正确。

9. B。这里考查的是固定搭配 interessiert an (D) sein，意思"对……感兴趣的"。这句话的意思是"对自然科学和人文科学感兴趣的学者一直有"。

10. D。这里考查的是形容词名词化。这里表达的是"整体，全局"，所以要使用 das Ganze，故 D 选项为正确选项。本句句意为"在未来我们也需要能够克服局限性，保持全局观的科学家"。

Text B

11. empfängt。结合上下文，我们发现这里要使用一般现在时，主语为 Frankfurt，所以我们要填写 empfangen 的第三人称单数变位形式 empfängt。这句话的意思是"法兰克福款待印度"。

12. diesjährigen。这里考查的是形容词的变格形式。分析句子，我们发现 Buchmesse 为第二格，且是阴性名词，由此可以判断这里要填写 diesjährigen。本句句意为"印度是今年书展的贵宾"。

13. als。通过以往的学习，我们知道形容词的比较级要与 als 连用，因而这里要填写 als。这句话的意思是"主宾国将在这个世界最大的图书展览会上凭借 200 家出版社和超过 30 位作家在 4000 平米的展区展示自己"。

14. Unter。这里考查的是固定搭配 unter dem Motto ...，意为"以……为主题"，所以我们要填写介词 unter。本句句意为"这个国家想要以'今日印度'为主题来展示自己的全部多样性"。

15. die。这里考查的是关系从句。分析句子，我们发现 Schriftsteller 为关系词，且关系从句缺少主语，Schriftsteller 为复数形式，因而这里要填写关系代词 die。这里表达的是"主要要介绍那些此前并不知名的作家，他们用 24 种地方语言中的一种来写作"。

16. einer。这里考查的是不定代词。阅读文章，我们明白这里表达的是"印度有 6 亿潜在读者，是最大的图书市场之一"。根据 Buchmarkt 为阳性名词，且这里要使用不定代词的第一格形式，由此可以判断这里要填写不定代词 einer。

17. auf。这里考查的是固定搭配 etw. kommt auf den Markt，意为"某物进入市场"，故此处需填写介词 auf。本句句意为"每年将近有 8 万册图书进入市场，它们使用英语和当地语言——其中印地语是第一大语言"。

18. Museen。阅读文章，我们明白这里表达的是"与书展同期进行的还有在法兰克福博物馆举办的印度艺术展览"，所以这里要填写 Museum 的复数形式 Museen。

19. verstärkt。当动词充当状语时，我们必须先将动词变为分词形式。根据句意，这里需要填写的是动词 verstärken 的第二分词形式 verstärkt，表示被动意义，意为"被强化的"；此外大家还需要注意此处第二分词不作任何词尾变化，这里表达的是"此外，大量德国出版社越来越多地将印度作家纳入他们的出版计划"。

20. international。这里考查的是形容词的变格形式。阅读文章，我们明白这里表达的是"国际上最重要的书展"，international 在这里用作副词，修饰 bedeutendst，因此不作任何词尾变化。本句句意为"1986 年以后，印度第二次成为世界上最大最重要的法兰克福书展的主宾国"。

TEST 32

【解析】

Text A

1. A。阅读文章，我们发现这里表达的是"9 月份，在德国学校学生用水和油的混合物做实验，并观察这两种液体如何先混合后再次分离"。题目中所给的四个动词的意思依次为"观察（动态变化）""观察（静态）""期待，等待"和"希望"。根据本句句意，这里强调的是"观察（动态变化）"这层含义，所以 A 选项正确。

2. C。这里考查的是代副词。结合上下文，我们可以推断出"学生在做完实验之后回答问题"。题目中所给的四个代副词的意思依次为"在这个过程中""在这后面""在这之后"和"在这下面"。根据本句句意，这里强调的是"在这之后"这层含义，所以 C 选项正确。

3. D。这里考查的是同根词辨析。A 选项（保存）和 B 选项（包含）均不是反身动词，可以排除。C 选项意为"聊天"，D 选项意思是"行为举止"，故选择 D 选项。本句句意为"乳油液在失重的情况下会有什么反应"。

4. B。这里考查的是以 Weltraum 为关系词的关系从句。根据分析我们发现关系从句中缺少地点说明语，则这里需要填写的是关系副词 wo，此句中的 wo 可用 in dem 替换。这句话的意思是"正确的回答最后来自太空，德国宇航员托马斯 · 莱特尔在国际空间站再现了这个实验并解释了结果"。

5. A。通过以往的学习，我们知道"machen + etw. + Adj."意为"使……怎么样"。阅读文章，我们发现这里表达的是"位于科隆的德国航空航天中心促成了这个项目"，因此 A 选项为正确选项。B、C 和 D 选项均不符合用法，可以排除。

6. C。本题考查的是不定代词。阅读文章，我们发现不定代词在此处指代 Forschungszentrum，且其为中性名词，则空白处要填写 eines，故 C 选项正确。

7. B。本题考查的是同根词辨析。阅读文章，我们发现这里表达的是"这些研究中心于 2001 年合并为亥姆霍兹联合会"。题目中所给的四个动词的意思依次为"决定""联合，团结""连接"和"锁上，结束"。根据本句句意，这里强调的是"联合"这层含义，所以 B 选项正确。

8. D。本题考查的是固定搭配"arbeiten + an (D)"，意为"创作，研究"，因而 D 选项是正确选项。本句句意为"一万名科学家在诸如能源、地球与环境、健康等六个科研领域研究未来世界的出路"。

9. C。这里考查的是不定式作状语。阅读文章，我们发现这里表达的是"为了在部分世界上独一无二的大型设备上进行研究，上千名来自全世界的访问学者每年来到亥姆霍兹中心"。此处不定式表目的，故选择 C 选项。

10. B。这里考查的是形容词的变格形式。这里 Patente 为表语，使用第一格，且其为复数形式，由此可以判断形容词词尾为 -e，所以选择 B 选项。本句句意为"结果是每年 7000 本著作和 500 项新专利"。

Text B

11. sich(einander)。这里考查的是代词的用法。分析句子，我们发现这里缺少 kennen lernen 支配的宾语，可以填写 sich。通过以往的学习，我们知道如果表示"互相"，还可以用 einander 替换。本句句意为"我的父母在委内瑞拉相识"。

12. nach。阅读文章，我们发现这里表达的是"后来我爸爸工作调动，被派往玻利维亚"。Bolivien 是中性国名，由此可以判断此处需要填写 nach。

13. Mit。这里考查的是固定搭配 mit... Jahren，意为"在几岁的时候"，故填写介词 mit。这里我们还可以用 im Alter von 6 Jahren 替换。本句句意为"当我 6 岁的时候，我在那儿进入一所德国小学学习"。

14. darüber。这里考查的是固定搭配"nachdenken + über"，意为"思考，考虑"。结合上下文，可以判断这里要填写代副词 darüber。这句话的意思是"可能也就是那个时候，我的父母开始考虑"。

15. besser。本句句意为"在欧洲的前程对我来说是否好得多"。通过以往的学习我们知道，viel 后接形容词的比较级表示"……得多"的含义，这里所表达的是"好得多"。

16. begrenzt。这里考查的是状态被动态。通过以往的学习，我们知道状态被动态由"sein + 动词的第二分词"构成。由此可以判断这里要填写 begrenzen 的第二分词 begrenzt，表示被动意义，意为"受限制的"。本句句意为"玻利维亚的更高程度的教育是受限制的"。

17. empfand。这里考查的是动词的变位形式。根据句中的时间状语 damals（表示"当时"），我们可以判断这里要填写 empfinden 的过去时形式 empfand。这句话的意思是"当时我觉得家乡在玻利维亚"。

18. zu weinen。通过以往的学习，我们知道 beginnen 后面可以支配带 zu 不定式，表示"开始做……"，因而这里要填写 zu weinen。本句句意为"在我们离开这个国家的那一天，我开始哭泣"。

19. meinen。这里考查的是句型"es gelingt jdm. (nicht), (etw.) zu + Inf."，意为"某人（没有）成功做某事"。Eltern 为复数形式，因此这里要填写物主冠词的第三格形式 meinen。这句话的意思是"我的父母没能成功使我平静下来"。

20. dass。这里考查的是 so..., dass... 引导的结果状语从句，意为"如此……，以至于……"，故这里填写连词 dass。本句句意为"这次告别如此痛苦，以至于很多年之后我依然无法忘怀"。

TEST 33

【解析】

Text A

1.　B。这里考查的是以 Kontinent 为关系词的关系从句。分析句子，关系代词在从句中为第四格，且 Kontinent 为阳性名词，所以选择 B 选项。本句句意为"南极不仅是人们最后到达的大陆"。

2.　A。这里考查的是以 Region 为关系词的关系从句。分析句子，我们发现关系从句中缺少地点说明语，则这里需要填写的是关系副词 wo，此句中的 wo 可用 in dem 替换。这句话的意思是"而且它也是必须在极端条件下进行研究工作的地区"。

3.　D。这里考查的是分词作定语。根据句意，这里需要填写的是动词 bewegen 的第一分词形式 bewegend，表示主动意义，意为"移动的"；此外大家还需要注意此处 bewegend 的词尾为 -en。本句句意为"位于冰盖上的研究机构随着冰的移动而慢慢地朝着海洋的方向移动"。
注意： 反身动词的第一分词作定语时，前面要加上反身代词。

4.　C。这里考查的是固定搭配 befreien etw. von...，意为"使某物摆脱、清除……"，因此选择 C 选项。这句话的意思是"测风仪结冰，尤其在冬季漫长的夜晚必须反复被清除掉冰壳"。

5. C。这里考查的是情态动词的用法。阅读文章，我们发现这里表达的是"食物、药品和备用件必须用轮船经过多风暴的海洋地区运输到海岸边"，由此可以判断 C 选项正确。

6. A。这里考查的是形容词名词化现象。通过以往的学习，我们知道 das 后面加的形容词词尾为 -e，故选择 A 选项。本句句意为"或者由飞机空运到大陆内部"。

7. D。这里考查的是形容词辨析。阅读文章和题目，我们发现这里的 an 是动词 denken 支配的介词，由其派生的形容词 undenkbar 意为"难以想象的"。A、B 和 C 选项的意思依次为"感激的""可以解决的""可以设想的"，均不符合句意，可以排除。这句话的意思是"在这里建立或者运营密集的测量网是难以想象的"。

8. B。这里考查的是阳性弱变化名词。这里介词 auf 支配第三格，Planet 为阳性弱变化名词，要加弱变化词尾 -en，所以 B 选项正确。本句句意为"然而来自这个地区的信息对于理解整个星球上的气候和其发展情况非常重要"。

9. D。这里考查的是固定搭配 umgeben von...，意为"被……包围"。这句话的意思是"那儿的冰面完全被海洋包围，有着非常稳定的循环"。
注意： 这里 umgeben 为不可分动词。

10. C。阅读文章，我们发现这里表达的是"夏季低压地区往南移动，接近大陆；然而冬季它们却向北移动"，由此可以判断这里要选择引导比较状语从句的连词 während。

Text B

11. von。这里考查的是搭配 von... die Rede sein，意为"谈论……"，所以此处需要填写介词 von。本句句意为"国际上如果谈到德国美食"。

12. vielen。这里考查的是句型 etw. fällt jdm. ein，意为"使人想起某事"，这里 viel 指代很多人，所以要加词尾 -en。这句话的意思是"很多人可能首先会想到烤猪排和肘子"。

13. dazu。阅读文章，我们发现这里表达的是"此外可能还有酸菜"，根据句意，dazu/kommen 意为"补充，添加"，因而此处要填写可分前缀 dazu。

14. dass。这里考查的是句型 Abgesehen davon, dass...，意为"不考虑……"。本句句意为"不考虑这些菜虽然存在，但肯定不是每天出现在餐桌上这一事实"。

15. aber。这里考查的是复合连词 zwar..., aber...，意为"虽然……但是……"。

16. dürfte。这里考查的是情态动词的用法。阅读文章，我们发现这里表达的是"如果德国国内确实有一种特产，那它可能是香肠"。这里情态动词表示猜测，主语为 das，因而要填写 dürfte。
   注意： 情态动词 dürfen 表示猜测意义时，只能使用第二虚拟式形式。

17. gebratene。当动词充当定语时，我们必须先将动词变为分词形式。根据句意，这里需要填写的是动词 braten 的第二分词形式 gebraten，表示被动意义，意为"被烤的"。第二分词修饰 Sorten，且为名词复数第四格，因此要填写 gebratene。这里表达的是"香肠有 1500 种，有被煮的、被烤的"。

18. berühmteste。这里考查的是形容词的比较等级。阅读文章，我们发现这里表达的是"最著名的是咖喱香肠"，此处填写最高级形式 berühmtest，且其修饰的名词 Wurst 为阴性名词，因此最高级词尾为 -e。

19. erfunden。这里考查的是第二不定式，由"第二分词 + zu + haben/sein"构成，所以这里要填写 erfinden 的第二分词形式 erfunden。本句句意为"首都柏林申诉发明了香肠"。

20. zu bekommen。这里考查的是句型"etw. ist + zu + Inf."，意为"可以被或者必须被……"，因此这里填写 zu bekommen。这句话的意思是"它可以在每个小吃摊买到"。

TEST 34

1～5　ACDBB
6～10　DCABC
11～15　oder / dem / davon / einfacher / früheren
16～20　flüssiges / dass / verschwand / die / gesucht

【解析】

Text A

1. A。这里考查的是同根词辨析。本句句意为"这个故事关于那位少言寡语的怪才格雷诺耶"。题目中所给的四个动词的意思依次为"涉及""处理，治疗""虐待"和"谈判"。根据本句句意，这里强调的是"涉及"这层含义，所以 A 选项正确。

2. C。通过以往的学习，我们知道城市名称后面加 -er，可以作定语，这里表达的是"巴黎的"，因此选择 C 选项。这句话的意思是"他于 1738 年在巴黎鱼市的垃圾堆出生"。

3. D。这里考查的是固定搭配 jd. kommt zur Welt，意为"某人出生"，由此可以判断 D 选项是正确选项。
注意： jdn. zur Welt bringen 表达的意思是"生下某人"，相当于动词 gebären。

4. B。这里考查的是带 zu 不定式作状语。阅读文章，我们发现这里表达的是"为了从她们身上提炼芳香精华"，由此可以判断此处要选择"um... zu +Inf."来表示目的。

5. B。这里考查的是句型"etw. ist zu + Inf."，意为"（物作主语）可能被，必须被"，故选择 B 选项。这句话的意思是"人们可以读到这部被翻译成 42 种语言的小说"。

6. D。这里考查的是同位语。通过以往的学习，我们知道同位语一般使用相同的格。分析句子，我们发现空白处需要填写的词和 des großen Stanley Kubrick 为同位语，则其也要使用第二格形式，故 D 选项正确。本句句意为"一方面，美国导演斯坦利 · 库布里克的评价是这样的"。

7. C。这里考查的是以 die Düfte 为关系词的关系从句。阅读文章，关系从句中介词 von 支配第三格，且关系词为复数形式，由此可以判断这里要填写 denen。这句话的意思是"这部小说以香味为主线"。

8. A。阅读文章，我们发现前面出现了 zum einen，由此可以判断这里要填写 zum anderen，意为"一方面……另一方面……"。本句句意为"另一方面作家聚斯金德本人的奇怪形象可以作为电影原型，但他根本不想出售版权"。

9. B。这里考查的是阳性弱变化名词。这里介词 von 支配第三格，Produzent 为阳性弱变化名词，所以要加弱变化词尾 -en，所以 B 选项正确。本句句意为"最终，聚斯金德被一位德国制片人说服"。

10. C。这里考查的是带情态动词的主观用法。阅读文章，我们发现这里是对已经发生的事表示猜测，要使用"情态动词 + 第二分词 +haben/sein"结构，所以选择 C 选项。这句话的意思是"据说一千万欧元的版权费可能在这方面起了作用"。

Text B

11. oder。阅读文章，我们发现这里表达的是"不管是欧洲人、美国人或是日本人"，由此可以判断这里要填写表示选择的连词 oder。

12. dem。这里考查的是定冠词的变格形式。通过以往的学习，我们知道 lösen 可以支配第三格和第四格补足语，意为"为……解答……"，这里 Planet 为第三格形式，则此处要填写定冠词 der 的第三格 dem。本句句意为"所有人都想解答太阳系中与地球最相似的星球这个谜"。

13. davon。这里考查的是固定搭配"aus/gehen + von"，意为"以……为出发点"。结合上下文，可以判断这里要填写代副词 davon。

14. einfacher。通过以往的学习我们知道，viel 后接形容词的比较级表示"……得多"的含义，这里所表达的是"简单得多"。故此处填写 einfacher。

15. früheren。这里考查的是形容词的变格形式。分析句子，这里 Leben 是第二格，且为中性名词，我们可知此处需要填写 früheren。这里表达的是"找到以前生命残存的遗迹"。

16. flüssiges。阅读文章，我们发现这里表达的是"然而生命需要液态的水"。根据 Wasser 是第四格，且为中性名词，我们可知形容词词尾为 -es，此处需要填写 flüssiges。

17. dass。这里考查的是宾语从句。分析句子，我们发现这里缺少引导宾语从句的连词。根据句意，这里需要填写的是连词 dass。这句话的意思是"地质学证据表明，在这个红色星球上曾经有河流甚至可能还有海洋"。

18. verschwand。这里考查的是动词的变位形式。通过以往的学习，我们知道 als 引导时间状语从句，表示发生在过去的动作，由此可以判断这里要填写 verschwinden 的过去时形式 verschwand。本句句意为"如果当时产生了微生物，但是当火星表面的水消失又回到地下的时候，有机物的发展也就突然停止了"。

19. die。这里考查的是以 Mikroorganismen 为关系词的关系从句。阅读文章，关系从句中缺少主语，且关系词为复数形式，由此可知这里要填写关系代词 die。这句话的意思是"可能还有那些在地下深处存活的微生物"。

20. gesucht。这里考查的是带情态动词的被动态。通过以往的学习，我们知道"情态动词 + 第二分词 + werden"构成被动态，所以这里要填写 suchen 的第二分词形式 gesucht。这句话的意思是"但是生物进化过程会留下化学线索——现在应该仔细寻找它们"。

TEST 35

【答案】

1 ～ 5　　DBACD
6 ～ 10　　DBACB
11 ～ 15　　geworfen / diesjährigen / der / ganz / Damit
16 ～ 20　　deren / sondern / Vernetzung / für / Beiträge

【解析】

Text A

1. D。这里考查的是比较状语从句。四个选项均可表示"同时"，A、B和C选项均为副词，D选项既可作为介词又可作连词，意思"在……期间，然而"。根据句意，这里表达的是"南北德语言的对比"，故D选项正确。本句句意为"人们在德国北部的乡村说低地德语和带有发音特点的标准德语，然而在南部巴伐利亚语、施瓦本—阿勒曼尼语今天还很有活力"。

2. B。本句句意为"人们用 S-tau 的读音代替 Schtau"。题目中所给的四个词的意思依次为"因为""代替（介词）""取而代之（副词）"和"因为"。根据本句句意，这里强调的是"代替"这层含义，且要使用介词，所以 B 选项正确。

3. A。阅读文章，我们发现这里表达的是"在这中间，人们在德累斯顿说中部德语，在法兰克福说黑森语，在特利尔说摩泽尔法兰克语"，由此可以判断这里要选择 A 选项。其他三个选项均不符合句意，可以排除。

4. C。本句句意为"但是几乎到处都有人讲标准德语"。题目中所给的四个词的意思依次为"在别的地方""来来回回""到处"和"去各个地方"。根据本句句意，这里强调的是"到处"这层含义，所以 C

选项正确。

5. D。结合上下文，我们发现这里表达的是转折关系，因此要选择 zwar。这句话的意思是"在瑞士，标准德语虽然是书面语，在学校里也开设这门课程，但是有很多瑞士人不会说标准德语"。

6. D。这里考查的是关系从句。分析句子，我们发现前面整个句子为关系词，且关系从句中缺少主语，由此可以判断这里应该填写关系代词 was。本句句意为"这使得瑞士政府担忧"。

7. B。这是一个以 Regionen 为关系词的关系从句。根据分析，我们发现关系从句中缺少地点说明语，则这里需要填写的是关系副词 wo。这句话的意思是"然而不仅在讲德语的国家人们说德语，在一些邻近的地区亦是如此，在那里德语是少数人使用的语言"。

8. A。本句句意为"此外，德语作为外语在很多国家也扮演者重要的角色"。题目中所给的四个词的意思依次为"此外""最终，终于""毕竟"和"尽管如此"。根据本句句意，这里强调的是"此外"这层含义，所以 A 选项正确。

9. C。这里考查的是第一分词名词化现象。这里第一分词指代名词复数，且为第一格，由此可以判断其词尾为 -e，故选择 C 选项。本句句意为"全世界范围内将近有两千万中小学生和大学生正在学习德语"。

10. B。本句句意为"至少有五千万人掌握很好的德语（外语）知识"。题目中所给的四个词的意思依次为"最好""至少""通常"和"最多"。根据本句句意，这里强调的是"至少"这层含义，所以 B 选项正确。

Text B

11. geworfen。这里考查的是被动态。通过以往的学习，我们知道被动态的由"werden + 第二分词"构成，由此可以判断这里要填写 werfen 的第二分词形式 geworfen。这句话的意思是"三月份在汉诺威举办的多媒体展览会展示了新近被投放到市场上的产品"。

12. diesjährigen。这里考查的是形容词的变格形式。分析句子，这里

CeBIT 是第二格，且为阴性名词，我们可知此处形容词词尾为 -en，需要填写 diesjährigen。这里表达的是"'领会未来的精神'是今年博览会的口号"。

13. der。这里考查的是同位语。通过以往的学习，我们知道同位语一般使用相同的格。此处 CeBIT 为第二格，因而 Show 也要使用第二格，且其为阴性名词，我们可知此处需要填写 der。这里表达的是"也是世界上最大的信息技术、电子通讯和软件展览"。

14. ganz。阅读文章，我们发现这里表达的是"参观者得到关于未来的相当具体的印象"。通过以往的学习，我们知道副词修饰形容词，无需变格，故这里要填写 ganz。

15. Damit。本句句意为"凭借这些，CeBIT 信息及通信技术博览会奠定了它作为行业指导性展览的地位"。

16. deren。这里考查的是以 Branche 为关系词的关系从句。分析句子，关系词在这里修饰 Umsatz，要使用第二格，且其为阴性名词，所以空格处需要填写 deren。这句话表达的是"这个行业全世界的销售额今年预计达到两万亿欧元"。

17. sondern。这里考查的是复合连词 nicht ... sondern...，意为"不是……而是……"。本句句意为"很多设备不属于办公室，而是用到了个人家庭中"。

18. Vernetzung。这里考查的是由动词派生的名词。通过以往的学习，我们知道 vernetzen 的名词为 Vernetzung。这里指"客厅电视数字化以及娱乐设备和家用电器网络化"。

19. für。这里考查的是固定搭配 reif für...sein，意为"成熟的"。本句句意为"（它们）现在已经成熟，可以应用到大众市场"。

20. Beiträge。这里考查的是名词的复数形式。根据 interessante 的词尾，我们可以判断这要填写名词的复数形式。通过以往的学习，我们知道 Beitrag 的复数形式为 Beiträge。这句话的意思是"德国制造商和研究机构对这些主题做出了有价值的贡献"。

TEST 36

【答案】

1 ～ 5　　ADBCC
6 ～ 10　　ABBDC
11 ～ 15　　nach / umgebauten / von / als / wohin
16 ～ 20　　Wichtigste / gebunden / anderen / auf / sich

【解析】

Text A

1. A。这里考查的是固定搭配"Teilnahme + an (D)"，意为"参与"，故 A 选项为正确选项。这句话的意思是"数字化能力如今是参与政治、经济和社会生活的必要条件"。

2. D。这里考查的是形容词的变格形式。分析句子，这里介词 von 支配第三格，且 Bedeutung 为阴性名词，我们可知此处形容词词尾为 -er，因此选择 D 选项。这里表达的是"几乎在任何地方，IT 知识都很重要"。

3. B。这里考查的是分词作状语。根据句意，这里需要填写的是动词 zunehmen 的第一分词形式 zunehmend，表示主动意义，意为"越来越多地"；此外大家还需要注意此处第一分词不作任何词尾变化，这里表达的是"潮流越来越多地通过网络传播"。

4. C。这里考查的是分词作定语。分析句子，这里需要要使用动词 digitalisieren 的第二分词形式 digitalisiert，表示被动意义，意为"数字化的"。这里是第四格，根据 Umwelt 为阴性名词，我们可知此处第二分词词尾为 -e。本句句意为"因此，学校应该让学生对数字化的环境做好准备"。

5. C。这里考查的是状语从句。阅读文章，我们发现这里表达的是"以便他们不仅仅作为用户，也成为参与者"，damit 表示目的，由此可以判断，C 选项是正确的。

6. A。本句句意为"通常年轻一代在这方面超过年纪大的一代人"。题目中所给的四个形容词的意思依次为"超过""不如""胜任"和"习惯"。根据本句句意，这里强调的是"超过"这层含义，所以 A 选项正确。

7. B。这里考查的是名词词义辨析。阅读文章，我们发现这里表达的是"学生必须学习正确运用电子媒体"。题目中所给的四个名词的意思依次为"过渡""运用，打交道""过程"和"进入"。根据本句句意，这里强调的是"运用"这层含义，所以 B 选项正确。

8. B。本句句意为"传授这些技能必须成为学校教育任务的重要部分"。题目中所给的四个动词的意思依次为"推荐""告知""介绍"和"传授"。根据本句句意，这里强调的是"传授"这层含义，所以 B 选项正确。

9. D。阅读文章，我们发现这里表达的是"与数字化相关的话题诸如隐私保护"，由此可以判断，这里表示"列举"，需要填写 wie，故选择 D 选项。

10. C。阅读文章和题目，这里表达的是因果关系。根据句子的语序，我们可以判断这里要填写 denn，因此 C 选项为正确选项。这句话的意思是"因为只有学过它的人才能有数据主权意识，在生活中才能运用数字化技能"。

Text B

11. nach。通过以往的学习，我们知道中性国名前面可以用介词 nach 或者 in，这里表示方向，所以要填写 nach。本句句意为"我本来不想来德国"。

12. umgebauten。当动词位于名词前充当定语时，我们必须先将动词变为分词形式。根据句意，这里需要填写的是动词 um/bauen 的第二分词形式 umgebaut，表示被动意义，意为"被改建的"；此外大家还需要注意此处 umgebaut 的词尾为 -en。这句话的意思是"我觉得我们的由 5 辆公交车改建的住宅区就是家乡"。

13. von。这里考查的是固定搭配 entfernt von... sein，意为"远离……的"。本句句意为"离克罗地亚港口城市三公里"。

14. als。阅读文章，我们发现这里表达的是"我的父母当磨刀工或者修理雨伞赚钱"。通过以往的学习，我们知道表示"从事某种职业"需使用介词 als。

15. wohin。这里考查的是以 Vergnügungspark 为关系词的关系从句。分析句子，我们发现关系从句中缺少方向补足语，因而要填写关系副词 wohin。本句句意为"我们有了一个消遣的公园，我们这里的孩子都去那里"。

16. Wichtigste。这里考查的是形容词名词化。根据句意，这里要用形容词最高级 wichtigst，通过以往的学习，我们知道 das 后面加的形容词词尾为 -e，故此处要填写 Wichtigste。本句句意为"自由对于我们来说是最重要的"。

17. gebunden。这里考查的是状态被动态。通过以往的学习，我们知道"sein + 第二分词"构成状态被动态，由此可以判断这里要填写 binden 的第二分词形式 gebunden。这句话的意思是"公交车从未移动，但是它们给我们的感觉是我们并不受约束"。

18. anderen。这里考查的是形容词的变格形式。分析句子，这里 Kroaten 为第一格，且其为名词复数，我们可知此处形容词词尾为 -en，因此要填写 anderen。这里表达的是"我们总是过着像所有其他克罗地亚人一样的生活"。

19. auf。通过以往的学习，我们知道"使用某种语言"，要用介词 auf。本句句意为"我和我的朋友们聊天自然是用克罗地亚语"。

20. sich。这里考查的是句型 etw. bringt etw. mit sich，意为"……随之带来……"，因而这里要填写反身代词 sich。这句话的意思是"然而消费也带来了巨大的损失：当我们穷的时候，我们团结一心，现在每个人都为自己而活"。

TEST 37

【解析】

Text A

1. D。这里考查的是形容词的变格形式。分析句子，这里 Herkunft 为第二格后置定语，且其为阴性名词，我们可知此处形容词词尾为 -er，因此选择 D 选项。这里表达的是"我的父亲是墨西哥裔美国人，在亚利桑那州出生"。

2. A。这里考查的是以 Gemeinde 为关系词的关系从句。分析句子，我们发现关系从句中缺少地点补足语，因而要选择关系副词 wo。本句句意为"他成长的地方是个不折不扣的墨西哥社区，非常保守"。

3. C。这里考查的是形容词最高级。根据后面的 in der ganzen Stadt，我们可以判断出这是形容词最高级形式，形容词修饰 Familien，且为第二格，由此我们可以判断出这里最高级词尾为 -en，故选择 C 选项。这里表达的是"他的家庭是整个城市中最穷的家庭之一"。

4. B。这里考查的是固定搭配"voller + 名词"，表示"充满……的"，所以 B 选项为正确选项。这句话的意思是"这个小矿业城市的美国居民对墨西哥人充满偏见"。

5. D。这里考查的是状态被动态。通过以往的学习，我们知道"sein +第二分词"构成状态被动态，由此可以判断这里要填写 verletzten

的第二分词形式 verletzt。本句句意为"我爸爸因此深受伤害，内心很愤怒"。

6. A。这里考查的是情态动词的辨析。阅读文章，我们发现这里表达的是"虽然他有美国国籍，但是他并不能认同多数文化，因为这种文化不接纳他"，由此可以判断这里填写情态动词 können，选择 A 选项。

7. C。这里考查的是形容词的变格形式。分析句子，这里连词 als 支配第四格，且 Mann 为阳性名词，我们可知此处形容词词尾为 -en，因此选择 C 选项。这里表达的是"尽管如此，他认为自己是墨西哥人，是真正的男人"。

8. B。阅读文章，我们发现这里表达的是"我爸爸是地质学家，他寻找矿产资源比如石油或者黄金，此外他有几年在哥伦比亚的原始森林"。通过以往的学习，我们知道表示职业的名词前一般不加冠词，所以 B 选项是正确选项。

9. D。本句句意为"他在哥伦比亚很兴奋，因为他作为墨西哥人在那儿根本不会引起注意"。题目中所给的四个动词的意思依次为"衰落，倒塌""使想起""（疾病）侵袭"和"引起注意"。根据本句句意，这里强调的是"引起注意"这层含义，所以 D 选项正确。

10. C。这里考查的是句型 jd. ist von ... betroffen，意为"某人受到……"，所以 D 选项正确。A、B 和 D 选项动词原形的意思依次为"正确，适用""到达""遇到"，均不符合句意，可以排除。本句句意为"她并没有受到种族主义歧视，因此她是幸运的"。

Text B

11. getan。本句句意为"学习说起来比做起来难得多"。通过以往的学习，我们知道"Gesagt, getan"表示"说到做到"，由此可以判断此处要填写 tun 的第二分词形式 getan。

12. vielen。这里考查的是不定代词的变格形式。分析句子，这里 schwer/fallen 支配第三格，viele 指代"许多人"为复数，我们可知此处不定代词词尾为 -en，因此填写 vielen。这里表达的是"理论上每个人都知道学习多么重要，然而实际上很多人觉得学习难"。

13. monotones。这里考查的是形容词的变格形式。分析句子，这里 Stillsitzen 为第一格，且其为中性名词，我们可知此处形容词词尾为 -es，因此填写 monotones。这里表达的是"电视节目或者和朋友度过晚上的时光常常比单调地静坐在书桌前更有吸引力"。

14. an。这里考查的是固定搭配 Spaß an (D)，意为"对……的乐趣"，由此可以判断这里要填写介词 an。本句句意为"如果缺少对（学习）这件事的乐趣，眼睛很快就会感到疲劳，注意力也会下降"。

15. denen。这里考查的是以 Kinder 为关系词的关系从句。分析句子，我们发现关系从句中介词 bei 支配第三格，且 Kinder 为复数形式，因而这里要填写关系代词 denen。这句话的意思是"相反，小孩儿喜欢学习，也愿意学习，在他们身上游戏和学习的天然联系尚未受到破坏"。

16. beim。本句句意为"他们在购物过程中模拟日常生活中的场景，以此来练习人与人之间的互动"。通过以往的学习，我们知道介词 bei 后面可以加由动词所派生的名词，表示"在……时候"，由此可以判断此处填写介词 beim。

17. wird。这里考查的是助动词 werden 的变位形式。分析句子，我们发现 jeder 作主语，谓语动词要按第三人称单数变位，且这里陈述的是客观规律，使用一般现在时，所以这里要填写 wird。这句话的意思是"每个人天生具有好奇心和学习兴趣"。

18. wie。这里考查的是宾语从句。分析句子，这里动词 verstehen 缺少宾语，从句中缺少方式状语，所以用 wie 引导从句。本句句意为"想要了解事物是如何运转的"。

19. ohne。这里考查的是状语从句。阅读文章，我们发现这里表达的是"不需要老师对此做出规定"，所以用 ohne dass 引导从句。

20. zunehmendem。当动词位于名词前充当定语时，我们必须先将动词变为分词形式。根据句意，这里需要填写的是动词 zunehmen 的第一分词形式 zunehmend，意为"越来越多地"；此外大家还需要注意此处 zunehmend 的词尾为 -em，这里表达的是"随着年龄的增长，教育变得越机构化，玩和学的天然统一也就越来越被分解"。

TEST 38

【答案】

1～5   BDCAD
6～10   ACBBD
11～15 sind / steigend / dazu / neuen / bis
16～20 gegen / schneller / das / an / Umsätze

【解析】

Text A

1. B。阅读文章，我们发现这里表达的是"严格来说，调料都是干的有香味的植物的部分——很少是新鲜的"。通过以往的学习，我们知道固定搭配 grob geschätzt 意为"粗略估计"，streng genommen 意为"严格来说"。根据句意，我们可以判断这里要选择 B 选项。

2. D。这里考查的是形容词名词化。通过以往的学习，我们知道 was/etwas 后面加的形容词词尾为 -es，故此处要填写 was Geheimnisvolles，所以 D 选项为正确选项。本句句意为"它们在美食和医学方面的应用是多方面的，此外它们也包含一些神秘的东西"。

3. C。这里考查的是固定搭配 verbinden etw. mit etw.，意为"把某物和某物联系起来"，故 C 选项正确。这句话的意思是"谁不会立刻把调料岛这个词和令人激动的冒险和发现之旅联系起来呢？"

4. A。这里考查的是形容词的变格形式。分析句子，这里介词 in 支配第四格，且 Länder 为名词复数形式，我们可知此处形容词词尾为 -en，因此选择A选项。这里表达的是"发现者寻找去那些异域国家的道路"。

5. D。这里考查的是以 Länder 为关系词的关系从句。分析句子，我们发现关系从句中缺少方向补足语，因而要填写关系副词 woher，故

D 选项为正确选项。本句句意为"调料来自这些国家"。

6. A。本句句意为"此外，人们用它们来制造烟雾、油、化妆品和香料"。题目中所给的四个名词的意思依次为"制造""预定""制订"和"转型"。根据本句句意，这里强调的是"制造"这层含义，所以 A 选项正确。

7. C。这里考查的是固定搭配 die Meinungen sind geteilt，意为"意见有分歧"，因此选择 C 选项。这句话的意思是"人们常常对于哪些植物属于调料这一问题意见不一"。

8. B。这里考查的是以 Tropen 为关系词的关系从句。分析句子，我们发现关系从句中介词 aus 支配第三格，且关系词为复数形式，由此可以判断这里要选择关系代词 denen，故 B 选项为正确选项。本句句意为"大蒜毫无疑问也有气味和味道，但是它并不是在大部分调料来源的热带生长"。

9. B。本句句意为"调料这个名称通常指的是特殊的、有香味的植物的干枯的种子"。题目中所给的四个副词的意思依次为"例如""通常""幸运的是"和"试用地"。根据本句句意，这里强调的是"通常"这层含义，所以 B 选项正确。

10. D。这里考查的是固定搭配"gelten + für"，意为"适用于"，故选择 D 选项。这句话的意思是"这也适用于菜椒籽吗？"

Text B

11. sind。这里考查的是动词的变位形式。阅读文章，我们发现这里 Krebskranke 为主语，且为复数形式，由此可以判断这里要填写 sind。本句句意为"在德国有四百万到五百万癌症患者"。

12. steigend。当动词充当状语时，我们必须先将动词变为分词形式。根据句意，这里需要填写的是动词 steigen 的第一分词形式 steigend，表示主动意义，意为"增加的"；此外大家还需要注意此处是第一分词不需要作任何词尾变化，这里表达的是"呈上升趋势"。

13. dazu。这里考查的是固定搭配"führen + zu"，意为"导致"。通过以往的学习，我们知道这里要填写代副词 dazu，指代其后的从句。这句话的意思是"工业化国家不断上升的平均寿命也导致越来越多的人身患癌症"。

14. neuen。这里考查的是形容词的变格形式。分析句子，这里介词 an 支配第三格，且 Heilmittel 为名词复数形式，我们可知此处形容词词尾为 -en，因此要填写 neuen。这里表达的是"癌症研究在研发新的治疗药物"。

15. bis。阅读文章，我们发现这里表达的是"一种新药要投入市场需要 12 年"，由此可以判断此处要填写连词 bis。
    注意： 连词 bis 常用于下面的句型中： Es dauert... bis... 意为"直到……，持续……"。

16. gegen。本句句意为"生物技术企业的研究者在研发新的抗癌特效药"，则这里要填写介词 gegen。
    注意： "wirken + auf (A)"意为"对……起作用"；"wirken + gegen"表示的是"药物对治疗……有效果"。

17. schneller。这里考查的是形容词的比较级。阅读文章，我们发现这里表达的是"在开始阶段，人们会在电脑上更快捷地检测服用特效药的试验对象"，则此处填写比较级形式 schneller，且它在句子中作状语，不作任何词尾变化。

18. das。这里考查的是以 Verfahren 为关系词的关系从句。分析句子，我们发现关系从句缺少主语，且关系词为中性名词单数，由此可以判断这里要填写关系代词 das。本句句意为"作为申请专利的程序，它从发现新的特效药持续到临床实验"。

19. an。这里考查的是固定搭配"arbeiten + an（D）"，意为"进行研究或创作"，因此要填写介词 an。这句话的意思是"目前，生物技术企业的 59 名员工正在研究 5 个项目，其中一个项目的一期临床试验已经完成了"。

20. Umsätze。阅读文章，我们发现这里表达的是"其他制药企业也已经开始利用新技术，4SC AG 这家德国抗癌特效药研发公司借此也已赚得第一批销售额"。根据句意，我们可以判断这里要填写 Umsatz 的复数形式 Umsätze。

TEST 39

【答案】

1 ~ 5   CBADD
6 ~ 10   BDCBC
11 ~ 15 nachwachsenden / Über / ob / zweit / zu verbessern
16 ~ 20 mehr / der / Verwendung / herzustellen / deren

【解析】

Text A

1. C。阅读文章，我们发现这里表达的是"联邦德国最大的岛屿是位于波罗的海的吕根岛"。根据句意，我们可以判断这里要填写最高级形式，Insel 为第一格，且其为阴性名词，所以最高级词尾为 -e，因此要选择 C 选项。

2. B。本句句意为"每年，吕根岛凭借多种多样的自然风光吸引很多旅行者"。题目中所给的四个动词的意思依次为"扣除""吸引；穿衣服""搬出去；脱衣服"和"搬家；换衣服"。根据本句句意，这里强调的是"吸引"这层含义，所以 B 选项正确。

3. A。阅读文章和题目，我们发现这里表示因果关系。这个句子是主从复合句，空白处需要填写连词，由此可以判断 A 选项为正确选项。这句话的意思是"由于它只有 2 公里宽，可以经过桥梁到达"。

4. D。这里考查的是以 Architekturstil 为关系词的关系从句。分析句子，我们发现关系从句中缺少主语，因而要填写关系代词第一格 der，则选择 D 选项。本句句意为"18 世纪末到 20 世纪初，这种位于德国波罗的海海岸的建筑风格经历了黄金时期"。

5. D。这里考查的是固定搭配 zwischen... und...，意为"在……和……

之间"。

6. B。这里考查的是句型 jd. ist von... begeistert，意为"某人对……感到振奋"，所以 B 选项为正确选项。这句话的意思是"吕根岛多种多样的自然风光让自然爱好者感到振奋"。

7. D。本句句意为"位于西面的海岸线有部分属于前波莫瑞的国家公园"，由此可以判断这里要填写 im Westen，故 D 选项正确。

8. C。本句句意为"除此之外，人们可以在吕根岛的沙滩上度过美妙的游泳假期"。题目中所给的四个词的意思依次为"通过""尽管如此""此外"和"在旁边"。根据本句句意，这里强调的是"此外"这层含义，所以 C 选项为正确选项。

9. B。阅读文章，我们发现这里表达的是"它是德国最小的国家公园"，则这里要填写 Deutschlands，故选择 B 选项。

10. C。这里考查的是形容词的用法。由于 insbesondere 为副词，不能作定语，故可排除。besonder 意为"特别的，特殊的"作定语要进行变格。根据 Attraktion 为阴性名词第一格，可以判断 C 选项正确。

Text B

11. nachwachsenden。当动词充当定语时，我们必须先将动词变为分词形式。根据句意，这里需要填写的是动词 nachwachsen 的第一分词形式 nachwachsend，表示主动意义，意为"可再生的"。介词 aus 支配第三格，且 Pflanzenrohstoffen 为复数形式，则分词词尾为 -en。这里表达的是"如果他们由可再生的植物原材料制成"。

12. Über。这里考查的是固定搭配 sich Gedanken über... machen，意为"思考，考虑，想到"，所以这里要填写介词 über。这句话的意思是"只有少数人能想到蜡烛"。

13. ob。本句句意为"它们被点燃，然后慢慢消失，不管是在基督降临节期间还是在烧烤节日上亦或在两个人共进晚餐的时候"。通过以往的学习，我们知道 ob... oder... 也可以表示"不论，不管"。由此可以判断这里要填写连词 ob。

14. zweit。这里考查的是固定搭配 zu zweit，意为"两个人一起"，故这里要填写 zweit。

15. zu verbessern。这里考查的是句型 "etw. ist + zu + Inf."，意为"可以被或者必须被……"，因此这里填写 zu verbessern。这句话的意思是"一种像蜡烛一样几乎完美的东西还需要完善吗？"

16. mehr。通过以往的学习，我们知道 immer 后面加比较级，表示"越来越……"，因而这里要填写 mehr。本句句意为"因此这家公司用硬脂生产越来越多蜡烛"。

17. der。这里考查的是以 Rohstoff 为关系词的关系从句。分析句子，我们发现关系从句中缺少被动态主语，因而这里要填写关系代词 der。这句话的意思是"这是一种主要从棕榈油中提炼的原材料"。

18. Verwendung。这里考查的是由动词派生的名词。本句句意为"硬脂的使用可以保护资源"。通过以往的学习，我们知道 verwenden 的名词为 Verwendung。

19. herzustellen。本句句意为"为了用硬脂生产最好的燃烧物（蜡烛），Eika 品牌在实验室研究如何将灯芯以及颜料和香料与新材料进行协调"。这里使用 "um + zu + Inf." 表示目的，故此处要填写 herzustellen。

20. deren。这里考查的是以 Kerzen 为关系词的关系从句。分析句子，我们发现关系代词修饰 Produktionsverfahren，使用第二格，因而这里要填写关系代词 deren。这句话的意思是"另一项创意是一系列高亮度的蜡烛，它们的制造工艺由 Eika 品牌研发，并受到专利保护"。

TEST 40

1～5	BDCAC
6～10	DBACB
11～15	trifft / Jugendliche / Aus / gerufen / mit
16～20	umzugehen / auf / Erwachsene / Im / den

【解析】

Text A

1. B。本句句意为"对于很多年轻人来说，服装表现他们的个性"。题目中所给的四个名词的意思依次为"复印；指纹""表达，表现""印象""低压"。根据本句句意，这里强调的是"表现"这层含义，所以 B 选项正确。

2. D。这里考查的是固定搭配 sich von... abgrenzen，意为"把自己与……区分开"，故 D 选项为正确选项。这句话的意思是"人们想把自己和别人区分开"。

3. C。这里考查的是句型 etw. ist jdm. wichtig，意为"某物对某人重要"。分析句子，我们发现这里 Studentin 为第三格，且其为阴性名词单数，由此可以判断形容词词尾为 -en，故选择 C 选项。本句句意为"对这位 27 岁的女大学生来说，拥有自己的风格非常重要"。

4. A。阅读文章，我们发现这里表达的是"每个部分都有自己的故事，因为它以前属于其他人"。通过以往的学习，我们知道 gehören 支配第三格，所以 anderer 要变为 anderem，由此可以判断此处选择 A 选项。

5. C。这里考查的是形容词名词化。通过以往的学习，我们知道 was/

etwas 后面加的形容词词尾为 -es，故此处要填写 was Neues，所以 C 选项为正确选项。本句句意为"伊萨贝拉非常喜欢废物利用的原则（用旧东西做新东西）"。

6. D。这里考查的是不定代词的变格形式。分析句子，我们发现不定代词在这里指代 Kleidungsstück，且其为中性名词，由此可以判断 D 选项正确。这句话的意思是"她的服装中的每一件都独一无二"。

7. B。本句句意为"有些人不仅仅为自己缝衣服"。根据句意，这里要填写反身代词 sich，因而 B 选项为正确选项。

8. A。这里考查的是以 Internetplattform 为关系词的关系从句。分析句子，我们发现关系从句中缺少地点说明语，因而要选择关系副词 wo。本句句意为"'DaWanda'是一个网络平台，在这个平台上有创意的人可以出售自己制作的产品"。

9. C。本句句意为"如今，六万多个制造者在这个平台上提供首饰、包、枕头、短裙等很多商品"。题目中所给的四个名词的意思依次为"展览方""预订者""制造者""邮递员"。根据本句句意，这里强调的是"制造者"这层含义，所以 C 选项正确。

10. B。阅读文章，我们发现这里表达的是"每三分钟就有一个包和一件首饰被卖出"。通过以往的学习，我们知道"alle + 基数词 + 名词复数"形式表示"每隔……"，因而选择 B 选项。

Text B

11. trifft。这里考查的是动词的变位形式。分析句子，我们发现 Verein 为主语，则谓语动词按第三人称单数变位，所以这里要填写 trifft。这句话的意思是"一个协会干预此事并采取预防措施"。

12. Jugendliche。这里考查的是形容词名词化。这里"青少年"为第一格，且为复数形式，故要填写 Jugendliche。本句句意为"如果儿童或者青少年被同学排斥或者折磨，应该做什么？"

13. Aus。这里考查的是固定搭配 aus diesem Grund，意为"因为这个原因"，所以此处要填写介词 aus。

14. gerufen。这里考查的是固定搭配 etw. ins Leben rufen，意为"成立"。本句使用的是现在完成时，所以要将动词 rufen 变为第二分词 gerufen。这句话的意思是"因为这个原因，'无暴力学校'协会成立了反对暴力的网络"。

15. mit。这里考查的是介词的用法。"zusammenarbeiten + mit ..." 意为"与……合作"。本句句意为"在城区，来自'无暴力学校'的专业教练员和小学以及警察局密切合作"。

16. umzugehen。这里考查的是带 zu 不定式作宾语。分词句子，umgehen 为可分动词，在这里支配介词 mit，意为"与……打交道，操作……"，由此可以判断此处要填写 umzugehen。这句话的意思是"早在上幼儿园的时候，儿童就已经在'无暴力'的课堂讨论中学习如何对待自己的感受比如生气与愤怒"。

17. auf。这里考查的是句型 etw. steht auf dem Lernplan，意为"某物在学习计划中"，故此处要填写介词 auf。这里表达的是"对于小学生来说，'不要和我！'这个项目在他们的学习规划当中"。

18. Erwachsene。这里考查的是形容词名词化。这里"成年人"为第一格，且为复数形式，故要填写 Erwachsene。本句句意为"在冲突调解员的培训中，老师、成年人和学生在发生冲突的时候一起调解"。

19. Im。这里考查的是固定搭配 im Notfall，意为"在紧急情况下"，因此这里填写 im。本句句意为"在紧急情况下，'无暴力学校'协会热线电话保障免费拨打警察局青少年工作专员的电话"。

20. den。这里考查的是以 Einsatz 为关系词的关系从句。分析句子，我们发现关系从句中缺少第四格，且 Einsatz 为阳性名词，因而要填写关系代词 den。本句句意为"反对暴力的投入是有意义的，这是学校可以做的"。